SOUVENIRS

DE LA

GARDE MOBILE

DE LA HAUTE-VIENNE

PAR LE

Comte de COURONNEL

ANCIEN CAPITAINE DE LA 3[E] COMPAGNIE DU 1[ER] BATAILLON
DU 71[E] MOBILE

BELLAC

IMPRIMERIE J.-J.-TH. CLOCHARD

— 1887 —

SOUVENIRS

DE LA

GARDE MOBILE

DE LA HAUTE-VIENNE

PAR LE

COMTE DE COURONNEL

ANCIEN CAPITAINE DE LA 3ᴱ COMPAGNIE DU 1ᴱᴿ BATAILLON
DU 71ᴱ MOBILE

BELLAC

IMPRIMERIE J.-J.-TH. CLOCHARD

— 1887 —

A MONSIEUR LE COLONEL PINELLI

ANCIEN COMMANDANT DU 71ᴱ MOBILE

Mon Colonel,

J'ai souvent entendu exprimer, dans nos réunions annuelles, le désir qu'un volume rappelant les souvenirs du 71ᵉ Mobile soit imprimé de nouveau.

C'est dans ce but que j'ai fait le petit travail que je me permets de vous dédier, comme au père de notre ancien et cher régiment.

Veuillez agréer, mon Colonel, l'assurance de la respectueuse affection de votre ancien subordonné.

Cᵗᵉ DE COURONNEL.

AVANT - PROPOS

Les souvenirs du 71e Mobile sont, à coup sûr, les plus intéressants de notre histoire locale contemporaine.

Ils rappellent la levée en masse de toute la jeunesse capable de porter les armes, avec ses souffrances et ses efforts, pour défendre la patrie.

Si la victoire n'a pas récompensé nos Mobiles comme la France pouvait l'espérer, ils n'en sont pas moins restés dignes de ses plus glorieux souvenirs.

Ils ont eu contre eux, dans des circonstances encore plus difficiles que les levées de la fin du siècle dernier, un ennemi plus nombreux et mieux commandé. Ainsi, les armées de Valmy et de Jemmapes ne comptaient pas dans leurs rangs, comme nos Mobiles, des hommes n'ayant jamais tiré un coup de fusil, et l'unité allemande n'était même pas prévue en 1792 (1).

---

(1) L'Allemagne n'avait guère que le quart de sa population d'aujourd'hui, tandis que celle de la France est restée à peu près stationnaire.

Environ dix ans avant la guerre de 1870, nous avons entendu dire hautement, à Berlin, que l'Allemagne serait prochainement en état de lutter seule avec la France, dans des conditions analogues à celles de la coalition du commencement de ce siècle, parce que le chiffre des hommes qu'elle pourrait mettre sous les armes serait équilibré dans les mêmes proportions.

— 6 —

Ce n'est pas contre des troupes aguerries qu'on envoya se heurter en masse les célèbres volontaires du Pont-Neuf.

Nos jeunes conscrits, envoyés à l'ennemi sans même avoir essayé leurs armes, ont fait dignement leur devoir. A Loigny, ils ont été aussi solides que les vieilles troupes qui les accompagnaient ; à la retraite du Mans, ils ont supporté la misère et la fatigue avec une constance qui leur mérita l'éloge de ceux qui les commandèrent (1).

En un mot, ils ont donné l'exemple du seul vrai patriotisme, qui se traduit par des actes.

Ils ont fait plus pour essayer de sauver l'Alsace et la Lorraine que tous les discours et toutes les démonstrations de ceux qui restaient tranquillement dans leurs foyers.

---

(1) Nous l'entendîmes faire, devant nous, par l'amiral Lafont.

CHAPITRE Ier

ORGANISATION DE LA MOBILE. — FORMATION DU 1er BATAILLON.

SÉJOUR DE SES TROIS PREMIÈRES COMPAGNIES A BELLAC.

La garde nationale mobile n'exista longtemps que sur le papier, du moins pour la plupart de nos départements.

L'auteur de ce récit, proposé pour un grade supérieur avec MM. Lesterps de Beauvais, Noualhier et Pinelli, n'eut qu'une seule fois, avant la guerre, l'occasion d'entendre parler officiellement de la Mobile. Au printemps de 1868, il fut mandé par le général Loysel, qui s'occupait de sa formation.

Dans les premiers jours d'août 1870, M. Pinelli, ancien chef de bataillon de l'armée active, était seul désigné pour l'organisation de la nouvelle milice. Encore cette désignation paraissait-elle si provisoire que les officiers destinés à faire partie du 1er bataillon assigné à M. Pinelli ne lui étaient même pas adressés.

C'est ainsi que le 10 août l'officier qui devait commander une des compagnies de l'arrondissement de Bellac et en préparer les cadres fut envoyé directement à la sous-préfecture (1).

A Bellac, comme à Limoges, tout était dans l'agitation

(1) Au moment de quitter Limoges il faillit être victime d'une erreur, qui le désignait à la fureur populaire comme espion prussien. Sans l'intervention de M. Buisson des Lèzes, la dénonciation d'un maître d'hôtel amenait, place Dauphine, des scènes analogues à celles dont allait être victime M. de Monéis, dans un département voisin.

et l'inquiétude ; chacun sentait la nécessité de s'armer pour repousser l'ennemi ; des affiches étaient placardées dans ce sens, mais rien n'avait été préparé.

Le sous-préfet, M. de Jouvenel (1), montrait déjà, comme l'a dit le colonel Pinelli, « un zèle et une activité infatigables. » Ce fut lui qui nous dirigea sur Nantiat et sur Châteauponsac, avec mission de former les cadres des contingents de ces deux cantons, réunis en une seule compagnie.

Les nominations des officiers furent toutes datées du 15 août, et, le 17, ceux qui étaient désignés pour les trois premières compagnies du 1er bataillon de la Haute-Vienne se réunirent à Bellac.

Avant de rassembler les Mobiles, il fallut les faire passer au conseil de révision et perdre ainsi encore une semaine. Moins d'un mois plus tard, nous devions entrer en campagne, n'ayant reçu notre fourniment que le 20 septembre, trois jours avant notre départ.

La période d'organisation fut laborieuse, du moins pour les officiers. Il fallait former les cadres avec des hommes n'ayant jamais servi : car les anciens militaires avaient été rappelés sous les drapeaux, ou ne faisaient plus, par leur âge, partie de la Mobile. En outre, les compagnies étaient deux ou trois fois plus nombreuses que d'ordinaire (2).

---

(1) Nous devions le retrouver à Tours, sous l'habit militaire, pendant qu'un de nos anciens préfets, engagé aussi, mais comme général, exerçait un commandement dans le Midi.

(2) Elles comptaient dans leurs rangs des hommes qui devaient bientôt les quitter, soit pour rentrer dans leurs foyers, soit pour faire partie du dépôt qui devint plus tard le troisième bataillon.

Lorsqu'on réunit pour la première fois, sur le champ-de-foire de Bellac, nos trois compagnies, leur effectif approchait de mille hommes. La moins nombreuse en comptait plus de deux cents, et celle formée des contingents de Nantiat et de Châteauponsac plus de trois cents. Les cinq autres compagnies du bataillon (1), rassemblées au Dorat, Saint-Sulpice-les-Feuilles, Rochechouart, Saint-Junien, Saint-Yrieix et Châlus, étaient dans des conditions analogues.

Le commandant Pinelli se multipliait pour faire face à tous les besoins. Le matin, on le voyait avec un fusil instruire les cadres pour l'exercice de la journée. Il suivait lui-même ces exercices, instruisait ses officiers pour la manœuvre et surveillait l'administration du bataillon qui était toute à créer (2).

Les officiers réunis à Bellac étaient MM. de Preaulx, commandant la 1re compagnie formée des contingents de ce canton ; Frayssinaud, commandant la 2e compagnie avec les hommes de Bessines ; de Couronnel, commandant la 3e compagnie avec ceux de Nantiat et de Châteauponsac ; MM. Charles Moreau, Léon Moreau et Thouvenet, lieutenants ; MM. des Monstiers de Mérinville, Imbert Laboisseille et Nadaud, sous-lieutenants.

La formation du régiment et les péripéties de la campagne modifièrent promptement nos cadres, dont l'ouvrage de M. le capitaine Blanchaud a conservé exactement le souvenir.

. . . .

(1) Les bataillons avaient alors huit compagnies au lieu de quatre, comme aujourd'hui.

(2) Grâce à lui, grâce aussi aux avances de quelques hommes de cœur, comme M. de Jouvenel, la solde ne manqua jamais et on put s'occuper de l'équipement.

La catastrophe de Sedan, dont nous eûmes connaissance le dimanche 4 septembre, peu d'heures avant celle de la proclamation de la République, rendait inévitable notre prochaine entrée en campagne. On redoubla donc d'activité pour nous y préparer, et le 23 septembre nous quittâmes Bellac, allant à Limoges, où devaient se réunir les compagnies du premier bataillon.

Nous y touchâmes, pour la première fois, des cartouches que nous devions garder jusqu'à la fin d'octobre. On nous fit, alors, à Bourges, en changeant nos fusils contre des chassepots, une seconde et dernière distribution régulière (1).

Nous n'avions que nos vareuses et nos armes quand nous quittâmes Bellac. Les autres accessoires nécessaires à la vie de campagne furent acquis plus tard, souvent aux frais des intéressés. La fraternité d'armes devait subvenir à bien des besoins.

Notre départ de Bellac fut l'occasion d'une belle et touchante démonstration.

Le temps était magnifique et presque toute la ville nous accompagnait sur la route qui conduit à la gare de Droux. Nous avions en tête un drapeau donné par les dames de la ville, et une fanfare excellente nous précédait (2). Elle remplaçait la musique, qui ne devait jamais exister, même à l'état de tambours et de clairons, pour la plupart des compagnies.

C'étaient malheureusement des adieux.

---

(1) Ainsi, la Mobile de la Haute-Vienne fit toute la campagne sans avoir tiré une seule fois à la cible.

(2) Elle était dirigée par M. Léon Couturaud, qui l'avait fondée et qui est resté à sa tête pendant dix ans.

Nous emportions le meilleur souvenir des hôtes qui nous avaient si cordialement reçus pendant un mois (1); mais nous voyions autour de nous des familles éplorées.

CHAPITRE II

ARRIVÉE A LIMOGES. — ENTRÉE EN CAMPAGNE.
RÉUNION DES DEUX BATAILLONS DE LA HAUTE-VIENNE
SOUS LE COMMANDEMENT DE M. PINELLI
NOMMÉ LIEUTENANT-COLONEL.
SÉJOUR A GIEN. — MARCHE SUR MONTARGIS
ET BEAUNE-LA-ROLANDE. — RETRAITE VERS LA LOIRE.

Bien que partis de bonne heure de Bellac, nous n'arrivâmes que fort tard à Limoges. On nous y cantonna dans le manège du quartier de cavalerie, où notre arrivée souleva un nuage de poussière qui ne devait se dissiper qu'au départ.

La journée passée à Limoges fut entièrement employée à l'organisation des compagnies, auxquelles on enleva encore des hommes pour former le dépôt. Ce dépôt, tant recherché par quelques-uns, devait être le noyau du troisième bataillon, si cruellement décimé à la bataille de Loigny.

Il devint la cause d'un incident provoqué par l'élection aux grades de la Mobile. Elle avait été contremandée à Bellac presqu'au moment de la commencer et il avait

---

(1) Celui qui écrit ces lignes n'a pas oublié la bonne hospitalité de la famille Charreyron.

dû en être de même à Limoges (1). Néanmoins, l'envoi au dépôt d'un mobile devint l'objet d'une manifestation de la part de ceux qui le nommaient déjà leur lieutenant. Ils ne voulaient pas partir, disaient-ils, sans l'avoir à leur tête.

Nous fûmes à même de voir plus tard les résultats de l'élection chez les mobilisés.

Le 25 septembre, de bonne heure, nous quittâmes Limoges, nous dirigeant sur Nevers et sur Gien. Il fallut, pendant la route, supporter force lenteurs et ce fut toute une affaire, à l'embranchement de Saincaize, pour obtenir notre départ.

Nous n'arrivâmes qu'au milieu de la nuit à Nevers, où nous attendait un ordre datant déjà de trois jours. Il portait que nous devions aller immédiatement à Gien, afin d'y prendre position pour défendre le pont de la Loire. Nous étions autorisés, dans le cas où nous ne serions pas en force, à battre en retraite sur Argent, à cinq lieues au Sud.

Le commandant Pinelli nous suivant avec les cinq dernières compagnies du bataillon, il fut décidé qu'on l'attendrait à Nevers.

Nous ne devions malheureusement pas séjourner dans cette ville, où nous aurions trouvé des ressources qui manquèrent à Gien.

---

(1) Il y eut à cette occasion des réunions publiques au chef-lieu. Elles furent signalées par un incident entre le secrétaire d'une notabilité républicaine et un ancien candidat officiel; le premier voulant faire exclure le second du grade de lieutenant.

Tous deux devaient bientôt se faire tuer bravement le même jour, dans la même compagnie : M. Langle comme sergent et M. Bardinet comme capitaine.

Après une revue passée par un très vieux général, qui voulut bien faire compliment de notre bonne tenue, on nous remit en route. Sur notre chemin, nous devions être l'objet des démonstrations les plus cordiales; on croyait l'ennemi plus proche et on se figurait que nous marchions au combat (1).

Nous trouvâmes à Gien le deuxième bataillon, placé désormais sous les ordres de M. Pinelli, auquel le grade de lieutenant-colonel vint confirmer ce commandement.

La nuit même de notre arrivée, il y eut une alerte. On cria : « Aux Armes ! » et toute notre troupe fut bientôt réunie sur le pont de la Loire, qu'on était en train de miner. Sans artillerie, avec nos fusils vierges et nos douze cartouches, nous fîmes bonne contenance.

On apprit bientôt que tout ce tapage venait de l'arrivée de quelques estafettes, que l'imagination surexcitée des habitants avait transformées en uhlans.

Cependant l'ennemi était assez loin, n'ayant pas encore dépassé Pithiviers, à soixante kilomètres de Gien. Il ne s'y établit même pas sérieusement tant que dura notre séjour dans cette dernière ville, que nous quittâmes le 4 octobre. Il est vrai que le manque de cartes et de renseignements laissait le champ libre aux imaginations. Nos désastres inouïs depuis le commencement de la campagne permettaient d'en inventer encore de plus grands et de présager des malheurs qui devaient se réaliser trop souvent.

Lors de notre arrivée à Gien, il fut impossible d'y

---

(1) A la Charité et à Cosne, des dames vinrent offrir des rafraîchissements.

trouver une seule carte du département dans lequel nous devions opérer. Il fallut que l'ingénieur ordinaire en fit une à la main pour le colonel, et le capitaine de Couronnel fut peut-être le seul qui put s'en procurer une, arrachée à l' « *Almanach du Loiret* » (1).

Ce fut à Gien que nos deux bataillons, désormais réunis, furent organisés en régiment et reçurent le nom de 71e Mobile. On égalisa les compagnies, dont on fixa l'effectif à 170 hommes ; ce qu'il y avait en plus fut renvoyé à Limoges, avec les huitièmes compagnies de chaque bataillon, pour être joint au dépôt.

Le régiment, ainsi formé, dut se préparer à marcher immédiatement à l'ennemi, et malheureusement les ressources de la ville étaient plus qu'épuisées. C'était une bataille pour avoir les objets de première nécessité et il fallait une escorte pour aller chercher au chemin de fer les minces approvisionnements qui arrivaient.

Nous n'avons pas oublié la joie que causa dans notre compagnie une distribution de pommes de terre, préparée par le capitaine Loupias.

Le 4 octobre, au matin, le premier bataillon quitta Gien, marchant comme devant l'ennemi. Après une halte à Dampierre, il rejoignit son avant-garde à l'entrée de la forêt de Châteauneuf, qui est une dépendance de celle d'Orléans.

Là, nous devions être, pour la première fois, de grand'garde, remplaçant les mobiles de l'Aveyron, qui ne paraissaient guère mieux équipés que nous.

---

(1) Cette carte devait plus tard rendre un grand service à une partie du régiment, en permettant de donner la direction sur la rive gauche de la Loire pour opérer la retraite après nos premiers désastres.

La forêt était fort jolie et le temps heureusement assez beau ; mais nous étions là à peu près sans feu ni lieu. On s'installa comme on put, sous des abris de feuillages, dont quelques officiers, qui avaient été en Afrique, donnèrent le modèle.

Les vivres manquaient complétement ; mais nous n'avions guère plus d'ustensiles de cuisine.

Le lendemain, on nous fit quitter la forêt pour y rentrer bientôt et y passer la nuit. Elle fut très froide sous les abris que nous avions dû encore improviser.

Elle fut aussi troublée par une alerte, que causa l'inexpérience de nos hommes, qui firent partir leurs armes en voulant les charger.

On nous mit en route, dès la pointe du jour, laissant là les vivres qu'on avait enfin rassemblés. Il s'agissait de faire une rude étape, étant dirigés sur Beaune-la-Rolande, par Gien et Montargis. Il est vrai que le trajet entre ces deux dernières villes fut fait en chemin de fer ; mais il n'en restait pas moins une marche d'environ douze lieues qui aurait été augmentée de cinq autres, si nous avions continué jusqu'à Pithiviers, comme on le supposait.

En passant à Gien, nous reçûmes des couvertures, dont le besoin venait de se faire si rudement sentir.

Jamais nous ne devions être mieux reçus qu'à Montargis, dont les habitants s'efforçaient de nous faire comprendre que nous pouvions compter sur eux. Pour cela, ils n'avaient besoin ni de cris, ni de chants de guerre ; mais ils paraissaient armés et disposés à faire leur devoir.

A peine arrivés, il nous fallut quitter Montargis pour faire en pleine nuit une marche forcée. Le colonel venait de recevoir l'ordre de se trouver, avec son régiment, à six heures du matin, à Beaune-la-Rolande.

On partit donc à minuit, en dépit de la fatigue et des privations que nous venions d'éprouver dans les bois. La marche fut d'autant plus pénible qu'on n'avait pas de sacs, et qu'il fallait mettre tous les effets dans des musettes de toile, suspendues par une bande qui se roulait comme une corde. Tout le poids portait ainsi d'un seul côté, meurtrissant l'épaule et détruisant l'équilibre du marcheur.

A trois kilomètres environ de Montargis, nous eûmes une alerte; on fit arrêter le régiment pour le former en bataille, et il fallut s'occuper de charger les armes. On put alors constater que la moitié environ de nos fusils était hors de service; c'étaient des armes d'anciens modèles, dont les cheminées se trouvaient brisées sans qu'on en eût de rechange. En outre, comme elles ne nous avaient jamais servi, beaucoup de mobiles étaient fort embarrassés pour les manœuvrer.

Nous ne vîmes cette fois que des braconniers qui, abusant de l'impunité que leur assuraient les circonstances, chassaient ostensiblement à la lanterne. Ce sont sans doute ces tristes personnages qui furent cause de l'incident.

Il était six heures du matin quand nous entrâmes à Beaune-la-Rolande. Nous étions exacts; mais nous avions laissé beaucoup d'hommes en route, et ceux qui arrivaient étaient harassés. Bien peu auraient pu parvenir jusqu'à Pithiviers si l'ordre annoncé avait été suivi.

La cavalerie qui devait nous rejoindre n'arriva qu'à

midi, représentée par un petit nombre d'hommes, dont les chevaux n'étaient guère plus en état que nous de faire une étape de cinq lieues.

Les habitants de Beaune-la-Rolande nous accueillirent avec un patriotisme qu'ils devaient bientôt payer cher ; car les Prussiens brûlèrent leur petite ville comme l'avaient fait jadis les Anglais. Après plusieurs siècles, les traces des ravages de ces derniers n'étaient pas encore effacées et la ville n'avait jamais repris son ancienne importance.

Nous restâmes trois jours à Beaune-la-Rolande, voyant de temps en temps passer des troupes, notamment de la cavalerie, dont les montures paraissaient exténuées.

La veille de notre départ, notre compagnie fut envoyée en reconnaissance à Egry, à une lieue de Beaune-la-Rolande, sur la route de Beaumont. Etant arrivés de bonne heure, nous pûmes surprendre un individu fort suspect qui se préparait à quitter le village avec sa voiture. C'était, paraît-il, un fournisseur de l'armée prussienne, dont les avant-postes occupaient Beaumont.

Cette capture donna l'éveil, et, dans la même journée, on put encore amener au colonel deux autres individus, soupçonnés d'espionnage. Ceux-là, au moins, avaient l'accent germanique et l'un d'eux parlait à peine français. Nous devions, pendant la guerre, nous habituer à nous défier de tout le monde.

L'attente d'ordres qui n'arrivaient pas et que nous sentions nécessaires laissait le champ libre aux conjectures. Nous n'osions prévoir de nouveaux désastres et nous aimions à supposer qu'on nous enverrait en avant dans la forêt de Fontainebleau, dont Beaune-la-Rolande est peu éloignée.

Des francs-tireurs (1), qui passaient, racontaient qu'ils venaient d'y faire la guerre de partisans. Elle nous paraissait mieux convenir à de jeunes troupes que celle faite en ligne, et nous avions confiance dans les chassepots qu'on nous promettait tous les jours.

Le 10 octobre au matin, nous vîmes passer de l'artillerie en pleine retraite, venant du côté de Pithiviers.

Bientôt on entendit le canon tonner dans la direction d'Artenay. On se battait à Chilleurs-aux-Bois, à cinq lieues de nous, et il était facile de comprendre que le sort des armes nous était contraire; car le bruit augmentait vers le Sud.

Alors le colonel prit sur lui, sans ordre et sans moyen d'en recevoir, de nous ramener à Montargis. S'il n'eût agi ainsi, ce dont il fut loué plus tard, notre entrée en campagne aurait été inaugurée par un désastre. Nous étions coupés du reste de l'armée, et presque sans munitions devant un ennemi victorieux qui n'aurait pas manqué d'en profiter. Il venait de vaincre le général de la Motte-Rouge et d'entrer pour la première fois à Orléans.

Nous ne devions pas séjourner à Montargis, où nous retrouvâmes les deux compagnies de dépôt renvoyées de Limoges presqu'aussitôt après leur arrivée. Il fallut encore se retirer; mais c'était pour aller enfin recevoir notre équipement de campagne et faire partie de l'armée de la Loire.

Il est évident, comme le dit le colonel Pinelli, que « si au lieu de nous lancer au hasard sur toutes les

---

(1 Ils étaient généralement fort déguenillés; mais la vie des bois pouvait leur avoir donné des apparences, telles qu'en d'autres temps on aurait pu les prendre pour rien moins que des soldats.

« routes du Loiret, on se fut occupé de notre équipement
« et de notre instruction, on nous aurait trouvés prêts
« beaucoup plus tôt et on aurait pu tirer de nous un
« meilleur parti. »

CHAPITRE III

MARCHE SUR BOURGES. — ARRIVÉE DANS CETTE VILLE.
LE RÉGIMENT Y EST COMPLÉTÉ ET ÉQUIPÉ.
IL EST DÉSIGNÉ POUR FAIRE PARTIE DE LA DEUXIÈME BRIGADE
DE LA TROISIÈME DIVISION
DU 16e CORPS DE L'ARMÉE DE LA LOIRE.
CAMP DE SALBRIS. — MARCHE SUR ORLÉANS.
ENTRÉE DANS CETTE VILLE. — SÉJOUR A OLIVET.

Le 12 octobre, nous quittâmes Montargis pour nous diriger par étapes sur Briare, à quelques lieues de Gien.

Le premier jour, nous couchâmes à Noyen-sur-Vernisson, où les compagnies envoyées chez M. d'Eichtal reçurent la plus plantureuse hospitalité. Ce fut une vraie fête, un moment d'abondance que nous ne devions plus revoir.

Le lendemain, nous arrivâmes à La Buissière, où presque tous les officiers furent logés au château. Malheureusement, le pays était épuisé par le passage des troupes, et nos hommes cantonnés dans le village eurent bien de la peine, malgré les efforts du maire, M de Chasseval, à trouver le pain nécessaire. Nous n'avions aucune distribution assurée et l'intendance n'existait pas encore pour nous.

Après une journée passée à La Buissière, dont le château est la plus belle résidence où nous devions faire étape, on nous remit en marche.

Notre route était encombrée de mille obstacles, établis dans l'espoir d'arrêter l'ennemi. C'étaient des fossés dont on avait rejeté la terre pour faire des retranchements et dont le fond était couvert de pieux pointus. Ils n'étaient peut-être pas moins gênants pour nous que pour ceux auxquels on les destinait, le pays n'étant ni accidenté, ni coupé de clôtures auxquelles on aurait pu les rattacher. On avait encore noirci les bornes kilométriques, mais on avait souvent oublié d'en gratter la gravure. Cette précaution tournait plus contre nous que contre les ennemis, qui avaient de bonnes cartes, tandis que nous en manquions complétement.

En descendant à Briare, nous vîmes, pour la dernière fois, la ville de Gien, autour de laquelle nous venions de tourner pendant près d'un mois.

A Briare, nous trouvâmes les fabriques fermées par crainte de l'ennemi. On nous y fit prendre le chemin de fer pour aller à Bourges, tandis que le deuxième bataillon dut essayer ses tentes en continuant sa route par étapes.

Le premier bataillon arriva en pleine nuit à Bourges, où il eut bien de la peine à trouver son logement. Le lendemain, on nous cantonna dans le séminaire, où nous trouvâmes de vastes salles, malheureusement encombrées de débris de toute sorte. Il passait pour malsain et pour avoir été évacué par crainte d'épidémie. On se mit à le nettoyer, et, grâce aux précautions prises, il n'y eut pas de malades, ce qui permit au régiment de profiter de son séjour à Bourges pour se compléter et s'équiper.

Il y resta dix jours, pendant lesquels il fut doté d'un troisième bataillon, composé du dépôt envoyé de Limoges et de contingents pris dans les compagnies des deux premiers bataillons. L'effectif de chacune fut porté à 150 hommes et le 71e Mobile fut ainsi formé à l'instar des autres régiments. Cette nouvelle formation eut pour conséquence un grand avancement, dont profitèrent surtout les lieutenants, les sous-lieutenants et les sergents-majors des anciennes compagnies. Les nouveaux promus tirèrent au sort les places vacantes et on renvoya ensuite à Limoges la dernière compagnie de chaque bataillon pour former un nouveau dépôt.

Ce fut à Bourges que le premier bataillon reçut enfin des fusils chassepot et des tentes, dont le deuxième avait été muni quelques jours avant à Montargis. On y joignit 90 cartouches.

Nous reçumes aussi des effets de campement et d'habillement. La distribution fut assez complète, sous le rapport des gamelles et des marmites dont nous manquions tout-à-fait ; mais il n'en fut pas de même pour les vêtements. Notre compagnie en reçut seulement une vingtaine, y compris les vareuses, les caleçons et les gilets de laine. Quant aux chaussures, le nombre y était bien, mais on avait négligé la dimension; elles étaient faites pour des femmes ou des enfants.

Les tentes ne tardèrent pas à être envisagées comme un présent funeste. On nous envoya les essayer à 1 kilomètre de la ville, dans le terrain du polygone. Il tombait une pluie battante et le sol était si détrempé qu'il nous arriva de mettre plus d'une heure à franchir les 500 mètres qui nous séparaient de la route. Notre camp, lorsque nous quittâmes Bourges, présentait l'aspect d'un lac parsemé d'îles. Cette humidité fut peut-être bonne à quelque chose ; car le terrain du polygone était rempli d'obus que nos feux de bivouac auraient pu faire éclater.

Pendant notre séjour à Bourges, on déménagea la fonderie de canons, où toute fabrication était déjà abandonnée quand nous arrivâmes. Le peu d'ouvriers qui restaient s'empressaient d'emballer tout ce qui était transportable pour l'expédier à Toulouse ou à Bayonne. On voyait là des pièces qu'il n'y avait plus qu'à dégrossir et qu'on paraissait vouloir abandonner, tant la panique était grande.

Un moment, il fut question de nous envoyer jusqu'à Clermont-Ferrand, après l'évacuation de Bourges qu'on désespérait d'occuper plus longtemps.

Le 30 octobre, le régiment quitta cette ville pour aller en chemin de fer à Salbris, à 14 lieues d'Orléans, où un camp était établi. Bien qu'on nous eût fait partir de bonne heure et que la route ne fut pas longue, nous n'arrivâmes qu'à la nuit. On dut s'établir à tâton, sur un terrain sablonneux, et à travers lequel l'eau avait heureusement pu filtrer. Il fallut se procurer du bois, dont nous manquions complétement, et l'absence d'outils causa la chute mortelle d'un des nôtres qui avait voulu couper une branche.

Le temps devint assez beau, le pays offrait des ressources et les tentes nous parurent moins désagréables.

Nous changeâmes trois fois de campement, sans compter les grand'gardes que l'on faisait avec soin.

Cependant l'ennemi n'avait pas encore dépassé la Ferté-Saint-Aubin, à trente kilomètres de Salbris, n'y faisant que des apparitions, surtout les jours de marchés, afin d'y rafler les vivres.

Pendant notre séjour à Salbris, qui dura plus d'une semaine, le bruit d'un armistice arriva jusqu'à nous. Les négociations échouèrent, comme on le sait, et nous ne tardâmes pas à être envoyés en avant.

Le régiment se mit en route le 9 novembre, accompagnant un fort convoi. Notre compagnie était chargée d'éclairer les flancs, allant à travers la campagne, pendant que les voitures marchaient à la file sur la route et qu'un train de chemin de fer réglait sa marche sur la nôtre. Nous arrivâmes ainsi à la Motte-Beuvron, où on entendait le canon qui gronda jusqu'à la nuit. C'était celui de Coulmiers, et les désastres dont nous étions témoins depuis le commencement de la campagne nous faisaient plutôt craindre qu'espérer.

Nous passâmes la nuit dans l'ancien parc de l'empereur, persuadés que nous aurions le lendemain à protéger une retraite ou à rétrograder. Il n'en fut rien heureusement, et on nous mit, dès l'aurore, en marche sur Orléans. Comme nous ignorions les résultats de la bataille de Coulmiers, nous pensions qu'on nous envoyait pour combattre. On nous fit, du reste, marcher avec précaution, attendant toujours des ordres.

Après avoir fait quatre lieues, nous arrivâmes à la Ferté-Saint-Aubin, où nous stationnâmes sous une pluie battante avec défense de nous écarter. On entendait alors quelques coups de canon.

La route était encombrée d'attelages de toute sorte,

qui demeuraient là comme nous, peut-être arrêtés par ordre. Parmi eux, se trouvaient beaucoup d'équipages d'artillerie.

Au bout de deux heures, on nous remit en marche, pour nous arrêter à la chute du jour dans un petit bois de sapins, voisin de la route. La pluie tombait toujours à torrent et il faisait excessivement sombre ; en outre, nous manquions de vivres par suite de l'incertitude de notre marche qui défiait toute prévision. Nous dûmes nous estimer heureux de trouver ce soir-là une soupe plus chaude que succulente, que nous offrirent de braves gens en nous racontant leurs aventures avec les Prussiens.

Le 11 novembre, de bonne heure, nous quittâmes, sans regret, notre bois de sapins pour entrer enfin dans Orléans.

On nous y reçut comme des libérateurs, nous traitant mieux que nous ne le méritions, puisque nous n'avions pas eu l'honneur de combattre pour délivrer la ville. Au reste, nous étions peut-être les premières troupes régulières qui entraient après l'évacuation prussienne. L'ennemi était encore représenté par des officiers, qu'on nous dit être des médecins et qui semblaient affecter de se montrer sur notre passage. Les premiers des nôtres que nous rencontrâmes portaient une grande écharpe bleue ; c'étaient, paraît-il, des volontaires de Cathelineau.

On nous attendait à l'entrée de la ville, en face la statue de Jeanne d'Arc, sur l'emplacement du fort des Tournelles, dont la prise décida la délivrance d'Orléans. Les enfants des écoles, conduits par leurs maîtres, formaient la haie sur notre passage, devant une foule qui nous acclamait.

Le régiment s'arrêta sur les boulevards, d'où les habitants nous emmenèrent pour nous donner l'hospitalité. Bientôt la ville se remplit de troupes, aux uniformes variés, dont quelques-uns même ressemblaient à ceux de l'ennemi.

Nous ne restâmes pas à Orléans, où chacun s'efforçait d'imiter l'illustre évêque, dont le nom était dans toutes les bouches. On y parlait de Monseigneur Dupanloup comme jadis, à Cambrai, de Fénelon, dont notre pays a conservé tant de souvenirs.

Le 12 novembre au matin, on nous fit quitter la ville pour retourner en arrière à Olivet, où nous campâmes dans un bois de sapin. Grâce au beau temps, le campement était bon et nous pûmes assister à un spectacle qui ne devait malheureusement plus se renouveler.

On avait profité du dimanche pour célébrer une messe militaire sur un autel improvisé. Elle fut suivie d'une parade, où manœuvrèrent pour la première fois et aussi pour la dernière nos trois bataillons réunis. Beaucoup de ceux qui paraissaient en ce jour si brillants et si pleins de santé allaient bientôt disparaître ; Loigny, Chambord, les privations et les fatigues devaient nous ravir bien des camarades.

CHAPITRE IV

ARRIVÉE A SAINT-PÉRAVY-LA-COLOMBE, EN AVANT D'ORLÉANS.
LA TROISIÈME COMPAGNIE DU PREMIER BATAILLON
EST DÉTACHÉE A LIGNEROLLE, PRÈS PATAY.
SA MARCHE SUR SOUGY. — SÉJOUR AUX BARRES ET A JANVRY.
PRÉPARATIFS POUR ALLER EN AVANT.

Le 14 novembre au matin, nous quittâmes notre campement d'Olivet pour aller à Orléans qu'on nous fit simplement traverser, nous dirigeant sur Patay.

Nous eûmes bientôt devant nous l'image de la guerre. Ce n'étaient que maisons abandonnées, à moitié ouvertes et pillées; les unes portaient des traces de projectiles, les autres d'incendies. De ces ruines s'échappaient parfois des rideaux ou des restes de tentures. Au milieu, était une église encore en construction et déjà presque ruinée. Autour de ses murs, criblés d'obus et de balles, on voyait des croix de bois portant des inscriptions allemandes. Celles dont nous pûmes approcher avaient été placées là en souvenir de sous-officiers qu'on paraissait avoir inhumés en grande hâte.

Un peu plus loin, nous traversâmes un retranchement en terre, s'étendant de chaque côté de la route, auquel on travaillait activement. Auprès, gisaient des cadavres de chevaux, encore non enterrés, qui nous firent croire qu'on creusait des fosses pour les victimes des derniers combats. Deux semaines plus tard, ces retranchements auxquels nous devions travailler et que nous pensions être appelés à défendre, devaient être franchis sans résistance.

Nous continuâmes à marcher sur une route défoncée et encombrée de nombreux convois, longeant des campements occupés par la ligne jusqu'à Saint-Peravy-la-Colombe, à 5 lieues d'Orléans. On y arriva à la nuit tombante et on eut bien de la peine à s'installer : car nous étions devant l'ennemi, et on faisait éteindre tous les feux dès que le jour baissait.

Le pays, ravagé par l'invasion, offrait si peu de ressources, qu'il fallut se coucher sans rien prendre.

Nous campions à la gauche d'un parc crénelé par les Prussiens, où nous pûmes trouver un peu de bois. C'était là, paraît-il, qu'habitait le général Chanzy. Devant nous était une grosse ferme avec une tour servant de pigeonnier qui semblait le débris d'un ancien château fort.

Le 16 novembre au soir, le colonel nous fit appeler, et nous communiqua l'ordre (1) qu'il venait de recevoir d'envoyer une compagnie prendre position à Lignerolle,

---

(1) Cet ordre était ainsi conçu :

16ᵉ CORPS D'ARMÉE   16 *novembre* 1870.
État-major général
Nº 252
    Mon cher Colonel,

Je vous prie de désigner une compagnie de votre régiment (71ᵉ de Mobiles — Haute-Vienne) pour aller prendre position à Lignerolle.

Cette compagnie partira demain matin. Elle devra être parfaitement outillée de tout ce qui lui est nécessaire pour marcher, combattre et camper. On veillera à ce qu'elle parte ayant dans le sac ses deux jours de vivres de réserve, indépendamment des vivres qu'elle a dû toucher pour la journée de demain 17 novembre.

Elle est destinée à appuyer les opérations de la cavalerie cantonnée à Patay et à Sougy.

Le général commandant le 16ᵉ corps d'armée,
Le général chef d'état-major général,

A M. le colonel du 71ᵉ Mobile (Haute-Vienne).
                                    SAINT-PÉRAVY.

à 5 kilomètres en avant du côté de Patay. Après l'avoir remercié de la confiance qu'il nous témoignait, nous prîmes les mesures nécessaires pour partir dès que le jour le permettrait.

Le 17 au matin, nous étions en route de bonne heure, et nous arrivâmes à Lignerolle après avoir passé devant plusieurs pièces de canon mises en batterie.

Là, le capitaine de Couronnel n'ayant trouvé aucune instruction sur ce qu'il aurait à faire, arrêta sa compagnie en avant du village, du côté de Patay. Il en laissa le commandement au lieutenant de Beireix, pendant qu'il allait, 2 kilomètres plus loin, demander des ordres à l'état-major, où il put s'aboucher avec le colonel Barbut. Cet officier lui promit ses instructions pour la journée, et l'autorisa, en attendant, à demander tout ce qui lui serait nécessaire.

La mairie de Patay, où il dut aller chercher ses bons de réquisition, était encombrée de malades et de blessés. On y paraissait heureux de pouvoir faire quelque chose pour les Français, après avoir été obligé, pendant plus d'un mois, de tout sacrifier pour l'ennemi. Hélas! la délivrance que nous avions apportée devait bientôt faire place à une plus longue oppression.

Au bout d'une heure environ, le capitaine put être de retour auprès de sa compagnie. Pendant son absence, une femme, sur laquelle il fut impossible d'obtenir de renseignements, s'était glissée parmi nos Mobiles, leur offrant généreusement le contenu d'une grosse bouteille de grès. Ceux qu'elle avait abreuvés, victimes d'une soif ardente, paraissaient en proie à une ivresse inexplicable.

Il se passait, du reste, dans les environs, de tristes

choses. Le frère de l'habitant de Lignerolle, chez lequel le hasard nous avait conduits, venait d'être fusillé à Patay pour avoir servi d'espion aux Prussiens. Un meunier était également passé par les armes pour avoir mis son moulin à vent au service de l'ennemi. Il le faisait tourner suivant les mouvements de nos troupes, marchant avec deux ou quatre ailes et s'arrêtant au besoin. Il avait donc fallu arrêter les moulins et prendre des précautions contre tout ce qui pourrait servir à l'ennemi de télégraphe improvisé.

A la fin de la journée, le colonel Barbut envoya les instructions (1) qu'il avait annoncées. Elles portaient que la moitié de la compagnie devait, le lendemain, se rendre à Sougy, afin de soutenir une reconnaissance dirigée sur Janville (2).

Un peu plus de deux lieues nous séparaient de Sougy, et il fallut partir au milieu de la nuit pour être exact au rendez-vous.

Nous traversâmes Patay, dont l'extrémité des rues était obstruée par des barricades que gardaient des sentinelles. Plus loin, étaient des vedettes correspondant avec les différents postes et observant l'ennemi.

A moitié chemin, entre Patay et Sougy, est le petit

---

(1) Elles étaient ainsi conçues :

AVANT-POSTES.   *Patay*, 17 *novembre* 1870.

Demain matin, une demi-compagnie de M. de Couronnel partira à 4 heures et demie pour Sougy, afin de soutenir une reconnaissance qui part de ce point vers Janville.

Cette demi-compagnie se *tiendra en avant de Sougy* pour soutenir *au besoin* la reconnaissance, qui partira à 4 heures et demie.

Le lieutenant-colonel du 4e mixte,

Signé : BARBUT.

(2) Janville est à environ 20 kilomètres de Sougy, dans le département d'Eure-et-Loir.

village de Rouvray-Sainte-Croix, où nous trouvâmes les francs-tireurs de Paris. Pendant que nous y étions arrêtés, il se produisit un nouvel incident, qui ne rappelait que trop celui de la fausse cantinière. Un homme, qui, sans doute, nous avait suivis, se mêlait à nos Mobiles, engageant la conversation pour savoir où ils allaient. Dès que le capitaine s'aperçut de sa présence, il voulut le questionner ; mais il s'empressa de disparaître.

Il faisait encore nuit quand nous arrivâmes à Sougy, où notre entrée inattendue causa une certaine émotion. Il était facile de voir qu'au premier abord on nous avait pris pour des Prussiens.

L'officier, chargé de commander la reconnaissance que nous devions appuyer, appartenait au régiment étranger. Il fut convenu que nous l'accompagnerions jusqu'à une centaine de mètres en avant de Sougy, où nous attendrions les événements. Il laissa un cavalier pour communiquer avec lui et promit de faire prévenir en cas de besoin.

Vers midi, on entendit quelques coups de fusil, et l'ardeur de nos Mobiles était telle qu'ils voulurent marcher en avant. Nous fîmes ainsi quelques centaines de mètres et nous arrivâmes à des maisons où était un poste avancé. Il était occupé par les francs-tireurs des Pyrénées-Orientales, qui nous dirent qu'ils n'avaient nullement entendu de fusillade ; mais des coups isolés, comme cela arrive fréquemment lorsqu'on est devant l'ennemi.

Les récits de la bataille de Coulmiers et de la déroute de l'ennemi, dont les populations avec lesquelles nous étions en contact venaient d'être témoin, faisaient sur nos jeunes troupes une profonde impression. Nous brûlions d'égaler les exploits de nos camarades, et nous attendions avec anxiété l'ordre de marcher en avant. Ce n'était plus dans le Loiret que nous voulions opérer, mais autour de Paris, pour délivrer la capitale.

Faute d'avoir rien à combattre, il fallut bien se résigner à retourner à notre poste, où nous vîmes arriver la fin de la journée sans avoir aucune nouvelle ; ce qui décida le capitaine à aller en chercher à Sougy. Il y apprit que la reconnaissance que nous devions appuyer était rentrée vers midi, après avoir poussé jusqu'à Janville sans rencontrer l'ennemi.

On avait ainsi négligé de nous avertir que notre mission était terminée. Il nous tardait cependant de rejoindre le reste de la compagnie laissé à Lignerolle, où l'ennemi pouvait l'attaquer ; car, nous savions qu'il envoyait souvent des reconnaissances de ce côté. Nous partîmes donc en grande hâte, et nous arrivâmes un peu après la tombée de la nuit.

De Rouvray-Sainte-Croix, que nous avions dû traverser de nouveau, nous pûmes encore voir Terminiers, où Français et Prussiens se rencontraient fréquemment. C'est de ce village, qui n'est guère éloigné de Rouvray que de deux kilomètres, que nous devions partir pour aller combattre le 2 décembre.

Pendant tout le temps que nous restâmes aux avant-postes, nous fûmes étonnés de la manière dont l'ennemi devait être informé. C'est ainsi que dans la nuit qui suivit notre marche et où il pouvait supposer que nous serions moins bien gardés, une de nos sentinelles faillit être prise par ses cavaliers. Heureusement, elle donna l'alarme et fit sortir le petit poste qui avait été établi en avant de Lignerolle.

Il était dans un bouquet de bois, naguère occupé par l'ennemi, qui, comme trace de son passage, y avait laissé une tombe. C'était, paraît-il, celle d'un officier supérieur, enterré à la hâte au milieu de la panique causée par la victoire inattendue de Coulmiers. Une croix en marquait l'emplacement, qu'on pouvait, du reste, reconnaître aux bottes qui dépassaient le sol. Nous prîmes soin de cette tombe, au sujet de laquelle les habitants de Lignerolle avaient, paraît-il, conçu de vives appréhensions en nous voyant prendre position sur le terrain où elle était. Nous leur épargnâmes, ainsi, sans le savoir, par une pieuse et juste mesure, les représailles dont ils étaient menacés si elle eût été violée.

Le 19 novembre, pendant que nous manœuvrions, l'amiral Jauréguiberry fit appeler le capitaine. Il le questionna longuement et l'engagea à l'accompagner auprès d'un détachement de Mobile de Maine-et-Loire qu'il avait fait arrêter à Lignerolle.

On l'installa dans un grand terrain entouré de murs qu'on fit créneler. De cette façon nous nous trouvions former son extrême avant-garde, occupant deux granges à l'entrée du village et le petit bois dont nous avons parlé. Dans le cas d'une attaque, nous devions avertir à Saint-Péravy et nous y replier si nous n'étions pas assez forts pour résister à l'ennemi.

Nous aurions bien pu nous tromper à son sujet, avec les coiffes blanches que portaient nos compatriotes de Maine-et-Loire, si nous n'eussions été avertis. Dans les commencements de la campagne, presque chaque régiment de Mobile que nous rencontrions avait son uniforme particulier.

Nous serions peut-être restés à Lignerolle, où nous recevions régulièrement nos vivres et d'où nous correspondions avec le colonel, si le jour de solde n'était pas arrivé. Il fallut la réclamer, et on nous répondit d'attendre dans nos cantonnements des ordres, qui ne tardèrent pas à parvenir.

Sur ces entrefaites arriva à Lignerolle un officier d'état-major, qui demanda à parler au chef du détachement. Il le reconnut pour l'avoir vu dans le monde, à Paris ; mais il n'eut pas le temps de lui dire autre chose que de mettre ses hommes sous les armes. L'ennemi, disait-il, se mettait en mouvement et nous devions nous attendre à être attaqués. Un homme fut aussitôt détaché pour aller prévenir nos voisins de Maine-et-Loire, et toutes nos dispositions furent prises pour faire bonne contenance. Cela n'était, du reste, pas difficile avec des gens aussi bien disposés que l'étaient alors nos Mobiles.

Aucun mouvement ne put être remarqué dans la campagne et il ne survint rien de nouveau.

Le jour commençait à baisser quand arriva l'ordre (1) de rejoindre le régiment qu'on avait envoyé de Saint-

---

(1) Cet ordre était ainsi conçu :

St-Péravy-la-Colombe, 20 novembre 1870.

16e CORPS D'ARMÉE
État-major général
ORDRE

La compagnie du 71e Mobile (Haute-Vienne), actuellement détachée à Lignerolle, rejoindra son régiment aux Barres.

Pour le chef d'état-major général, le sous-chef d'état-major général.

Péravy aux Barres. Il était ainsi à environ deux lieues en arrière, près des retranchements que nous avions remarqués.

Malgré l'obscurité, le chemin était encore sillonné de troupes et de convois. De chaque côté de la route nationale, que nous rejoignîmes à Saint-Péravy, on ne voyait que des feux de bivouac. Nous marchions ainsi, au hasard, sans savoir exactement où nous pourrions rejoindre le régiment. Enfin, à force de questionner, nous arrivâmes et nous fûmes accueillis par cette exclamation : « Ah ! c'est vous, la compagnie perdue ! »

Il paraît que, pendant notre absence, on avait fait courir à notre sujet les bruits les plus sinistres. On nous disait dispersés, prisonniers, massacrés, tandis que nous nous portions fort bien et que nous venions rejoindre nos camarades dans la plaine boueuse, où une place nous avait été réservée.

Le colonel voulut bien féliciter la compagnie, qui avait réellement fait preuve de sang-froid et d'énergie aux extrêmes avant-postes. Ces encouragements, que savait si bien donner le colonel Pinelli, contribuaient, avec l'intérêt qu'il portait à tout ce qui pouvait nous être utile, à le faire chérir de son régiment.

Le 24 novembre, on leva le camp pour aller s'établir auprès de la ferme de Janvry, à l'extrémité de la commune de Gidy, près des bois qui environnent Orléans. Ce fut notre dernier campement avant la bataille qu'on allait livrer. Des troupes de ligne nous y avaient précédés, et ce sont probablement elles que nous vîmes combattre le 1er décembre.

A Janvry, on prenait toutes les dispositions pour une marche que nous espérions devoir se prolonger jusqu'à

Paris. On nous distribuait des biscuits et des vivres de réserves. Enfin, on répandait le bruit des succès obtenus par le général Ducros, dont l'armée victorieuse devait se trouver près d'Étampes. Ces bruits obtinrent assez de créance pour nous faire espérer que les troupes massées devant nous, le 2 décembre, étaient celles qui sortaient de Paris.

Les Prussiens ne devaient pas nous laisser longtemps cette illusion.

Pendant notre séjour en avant d'Orléans, on continua à compléter notre organisation et notre équipement.

Le rapport du colonel Pinelli contient à ce sujet des renseignements que nous ne pourrions citer sans les reproduire en entier et auxquels nos souvenirs personnels ne nous permettent de rien ajouter. Il en est de même des pages si amusantes de l'ouvrage du capitaine Blanchaud sur la vie que nous menions au camp.

CHAPITRE V

BATAILLE DE LOIGNY

Le 1er décembre, à midi, nous reçûmes l'ordre que nous attendions depuis deux jours de quitter le camp de Janvry. Il faisait très froid, et, comme nous avions ployé nos tentes dès le matin, nous avions brûlé pour nous chauffer tous nos meubles, c'est-à-dire les caisses à biscuits qui les remplaçaient. Cela faisait comme un feu de joie qui devait, nous l'espérions, inaugurer notre marche sur Paris.

En débouchant dans la plaine, on nous mit en bataille, marchant de front par file de deux compagnies. Nos bataillons qu'était venu compléter un petit contingent, arrivé la veille de Limoges, formaient, avec leurs 3,000 hommes, un beau coup d'œil qu'embellissait un gai rayon de soleil.

A notre droite, dans un chemin de traverse, marchaient une batterie d'artillerie et un piquet de chasseurs, les seuls cavaliers qui devaient nous accompagner au combat. De ce côté, on voyait deux collines, surmontées de maisons, où des troupes avec de l'artillerie étaient installées. Tout annonçait que nous étions près de l'ennemi.

Nous allions ainsi en avant, oubliant le danger pour ne songer qu'au succès. C'est ainsi que nous arrivâmes près de Sougy, où on nous fit arrêter pour former les faisceaux et nous reposer sans quitter nos positions.

On entendait la canonnade dans la direction de Terminiers, à 6 kilomètres environ. Comme le bruit s'éloignait, et comme la nuit commençait à tomber, il était facile de prévoir que, l'avantage nous restant pour la journée, nous n'aurions pas à combattre. Aussi nous ne tardâmes pas à avoir la permission de dresser les tentes.

Plusieurs officiers, montés sur une légère éminence, observaient le combat, qu'éclairait à la chute du jour la lueur des obus et des incendies (1).

Nous étions de garde de police, ce qui nous permit de passer quelques instants auprès du colonel avec des

(1) C'était le combat de Villepion, où les troupes commandées par l'amiral Jaureguiberry obtinrent sur les Bavarois un succès marqué. Elles les firent reculer de plus d'une lieue, après avoir emporté la colline boisée où se trouvait le château qui donna son nom à l'affaire.

camarades, dont quelques-uns devaient, malheureusement, succomber le lendemain. Ils étaient réunis dans une pièce très sombre, dont les boiseries portaient les traces des dévastations de l'ennemi, s'entretenant de la bataille et de ses suites probables. Nous causâmes assez longtemps avec le capitaine Bardinet, ainsi qu'avec le colonel. Le premier, avec lequel nous venions de faire pour ainsi dire connaissance, devait être tué bravement le lendemain ; quant au second, nous ne devions plus le retrouver, après la bataille de Loigny, que grièvement blessé à Limoges.

La nuit du 1er au 2 décembre fut la plus froide que nous ayons passée sous la tente ; aussi fallut-il plusieurs fois sortir pour se réchauffer en marchant. On leva le camp dès cinq heures du matin par une obscurité profonde, et nous eûmes bien de la peine à rejoindre notre compagnie, dont le service nous avait séparé.

Après une marche de nuit, où il fallut franchir, en ligne de bataille, des champs et des chemins bordés de fossés, nous arrivâmes à Terminiers. On nous fit alors arrêter pour attendre le jour, et un peu avant huit heures on nous donna l'ordre de traverser le village pour nous établir sur la droite et faire le café. Ses abords, particulièrement sur notre gauche, étaient encombrés d'artillerie, dont quelques attelages venaient chercher les pièces qu'ils paraissaient ébranler avec peine.

Terminiers avait été visité la veille par l'ennemi et si complètement réquisitionné qu'il était impossible d'y rien trouver. Le vin et même le pain y étaient choses inconnues.

Les soldats que nous rencontrions avaient presque tous combattu la veille. Ils étaient fiers de leurs prouesses et pleins de confiance dans notre commandant de corps d'armée, l'amiral Jaureguiberry. Aussi, c'est avec entrain que nous nous mîmes en mouvement, et il fallut retenir nos Mobiles pour les empêcher de devancer le 40e de marche avec lequel nous étions en ligne.

A 1 kilomètre environ de Terminiers, nous commençâmes à entendre la canonnade, et un quart d'heure après nous étions à la hauteur d'une batterie d'artillerie engagée avec l'ennemi. Il était alors près de neuf heures.

Le 1er bataillon avec le 40e de marche restèrent à droite ; les deux autres passèrent à gauche avec le colonel Pinelli, et nous fûmes séparés pendant tout le reste de l'action qui venait de s'engager. La batterie était intacte quand nous en approchâmes ; mais l'ennemi ne tarda pas à rectifier son tir, qui avait d'abord été assez inoffensif. Ses pièces, plus nombreuses et plus fortes que les nôtres, nous criblaient d'obus, sans oublier la ferme en avant de laquelle nous étions et les réserves qu'il supposait masquées par derrière.

L'effet de ses projectiles était d'autant plus désastreux que la terre étant gelée presque tous éclataient. C'était un désavantage pour nous, dont les obus n'avaient pas besoin de toucher le sol pour se répandre en mitraille. A Coulmiers, au contraire, les projectiles ennemis se perdaient dans la boue, tandis que les nôtres produisaient leur effet. L'impression d'un combat d'artillerie est toujours profonde sur de jeunes troupes, autant à cause du vacarme que des blessures horribles qu'il produit.

Nous ne distinguions pas l'ennemi ; mais nous voyions le feu de ses pièces. Elles étaient placées derrière un moulin à vent, sur une éminence semblable à celle où nous étions et dont nous séparait un large pli de terrain. De ce côté étaient les villages de Lumeau et de Loigny. Le premier allait être témoin de nos efforts et de nos désastres ; le second devait donner son nom à la bataille.

La position que nous occupions menaçait de devenir intenable quand notre batterie serait détruite, et son affaire allait grand train. Moins de vingt minutes après notre arrivée elle était déjà presque entièrement démontée. Quoique placés à l'extrême droite, nous pouvions voir nos canons et en suivre le tir avec un intérêt bien compréhensible. Malheureusement, il était facile de reconnaître que l'ennemi nous faisait plus de mal que nous ne pouvions lui en rendre. Nos pièces étaient vaillamment servies ; mais leur nombre diminuait. Celles de l'ennemi paraissaient au contraire augmenter à chaque instant. Le moment approchait où nous n'aurions plus une pièce pour lui répondre, à moins de secours, qui n'arrivaient pas. Aussi restions-nous sous une pluie d'obus telle, que de vieux troupiers disaient n'en avoir jamais vu de pareille. Nous étions au bord du chemin qui conduit à Loigny, sur l'emplacement même où se trouve aujourd'hui le monument commémoratif de nos Mobiles.

Le 40ᵉ de marche s'ébranla sur la droite par un mouvement oblique, dans la direction de Lumeau ; nous ne tardâmes pas à le suivre, exposés cette fois au feu de la mousqueterie, dont les balles, lancées par des mains invisibles, nous atteignaient, bien que nous fussions encore en seconde ligne. Leur effet était plus désastreux que celui des obus ; mais l'impression morale était moins forte.

Nous continuâmes à avancer dans la direction de

Lumeau, suivant toujours le 40ᵉ de marche, qui couvrait déjà le sol de ses morts. Après avoir traversé un chemin bordé de peupliers, la mitraille recommença à pleuvoir sur nous avec violence. Les coups succédaient aux coups, et les obus, en éclatant sur le sol gelé, soulevaient des nuages de poussière et de fumée. Après avoir fait ainsi plus d'un kilomètre, nous arrivâmes près d'un groupe de maisons qui nous parut être l'entrée (1) de Lumeau.

Voyant le 40ᵉ de marche, massé derrière une grosse ferme, en face de nous, mettre la baïonnette au canon, nous accentuâmes le mouvement, autant pour aller en avant que pour ne pas rester immobiles sous le feu. Nous traversâmes ainsi un petit chemin, dans lequel l'ennemi ne cessait d'envoyer ses projectiles, pour aller nous poster derrière une petite maison. Cela nous donna un moment de répit, pendant lequel l'auteur de ces lignes, s'étant avancé pour examiner la position, fut renversé sous un mur qu'un obus venait de frapper. Quand il se releva, tout meurtri, l'aspect du champ de bataille avait changé. La retraite, ou plutôt la déroute, avait commencé. Chacun se retirait, autant que possible, par petits groupes, pour ne pas attirer l'attention des artilleurs ennemis, dont le tir était remarquable. Il nous suivit jusqu'à Sougy, où se dirigeaient presque tous ceux qui avaient fait partie de notre colonne d'attaque.

L'intention de l'ennemi paraissait être de nous couper, pour nous empêcher de regagner la position que nous occupions au commencement de la bataille. Il craignait sans doute de nous y laisser reformer à l'abri des ré-

---

(1) Plus tard, en visitant le champ de bataille, il nous fut possible de reconnaître que ce n'est qu'un petit hameau qui en est proche.

serves qui pouvaient s'y trouver; c'est pourquoi il dirigeait toujours son feu le plus nourri de ce côté. Sa poursuite était organisée de manière à protéger constamment son infanterie, nous empêchant de lutter avec elle à armes égales. Ainsi, ses pièces tiraient toujours sur nous en avant de ses fantassins, de façon à rendre dangereuse toute tentative de ralliement. Nous en fîmes l'expérience avec le général Morandy, auprès duquel on avait commencé à se grouper. .

Il fallut bien reconnaître qu'il n'y avait rien à faire tant qu'on serait sous le feu de l'artillerie ennemie sans être protégé par la nôtre.

Pendant qu'on se retirait sur Sougy, quelques-uns des nôtres se dirigeaient vers un petit bois situé sur notre droite. Ils y rencontrèrent les Prussiens, placés en embuscade, qui en prirent ou en tuèrent plusieurs. D'autres entrèrent dans des fermes, que l'ennemi cribla de projectiles dès qu'il crut y voir un rassemblement.

Sougy, qu'il n'osa pas attaquer, ne renfermait que des infirmiers, quelques équipages du train et des soldats dispersés. Nous eûmes un moment l'idée de nous y arrêter; mais l'exemple de ce qui se passait pour les fermes, et les prières d'habitants affolés, nous engagèrent à continuer notre route sur Patay, où nous pensions retrouver notre régiment avec le gros de l'armée.

Malheureusement, le manque d'informations était complet. Non seulement aucun ordre n'avait été apporté à Sougy, mais encore on ne savait comment se diriger, toutes les indications vicinales étant détruites. C'est ce qui fit que, en dépit de la fameuse carte achetée à Gien, nous prîmes la direction d'Orléans par Huêtre au lieu d'aller à Patay.

Pendant ce temps le colonel Pinelli, en se maintenant à la hauteur de la batterie que nous avions quittée, subissait une pluie d'obus qui lui infligeait des pertes cruelles. Une de ses compagnies, la cinquième du 3ᵉ bataillon, perdait tous ses officiers. Son capitaine, M. Bardinet, était tué ; son sous-lieutenant, M. Desgranges, blessé mortellement, et son lieutenant, M. Chevalier du Fau, mis hors de combat (1).

Le colonel forçait un moment les Bavarois à évacuer

---

(1) C'est à cette compagnie qu'appartenait le sergent Langle, dont la mort inspira à M. Jules Barbier les vers suivants :

> Conterai-je un détail vulgaire ?.... Le canon
> Mitraillait nos soldats. Calme, on le vit sourire,
> Offrir à son voisin un cigare et lui dire,
> En allumant le sien... « L'achèverai-je ? » — Non.
> Un obus à ses pieds apporta la réplique ;
> Les éclats dispersés déchirèrent ses flancs.
> . . . .
> . . . . , ...

Le voisin dont parle le poète était M. Rebeyrol, sergent dans la même compagnie ; il eut la chance d'échapper à l'obus qui tua, en même temps que son collègue, sept camarades groupés autour de lui.

Parmi eux étaient les jeunes Baignols, de Beaune-Bory et Laporte, dont les familles vinrent s'informer auprès de nous d'une façon à la fois si touchante et si triste.

On dit que nos Mobiles inspirèrent encore la muse de M. Jules Barbier, à propos d'un père qui était allé rejoindre son fils au moment de la bataille de Loigny.

On ne lira peut-être pas sans intérêt ces quelques vers, extraits, comme les précédents, de son livre « le Franc-Tireur » :

> . . . . Il ferme sa boutique,
> Va rejoindre son fils, l'accompagne au plus fort
> De la bataille, et calme, indifférent, essuie
> Le feu de l'ennemi, balle, obus, boulets,
> Écartant au besoin sabres et pistolets
> D'une arme qui fera sourire...... un parapluie.

la position de Lumeau ; mais il devait bientôt se retirer, faute de soutien.

L'intérêt qui s'attache à son rapport nous engage à y renvoyer ceux qui voudraient se rendre un compte plus complet de l'épisode de la bataille de Loigny, auquel a pris part le 71e Mobile. Nous nous contentons de nos souvenirs personnels, renvoyant aux impressions et aux souvenirs du capitaine Blanchaud pour les épisodes qu'il a racontés dans ses « Etapes ».

CHAPITRE VI

SUITES DE LA BATAILLE DE LOIGNY
RETRAITE SUR ORLÉANS ET SALBRIS. — AFFAIRE DE CHAMBORD
LES DÉBRIS DU RÉGIMENT SE RÉUNISSENT A AMBOISE.

En allant de Sougy à Huêtre, nous avions suivi la direction opposée à celle que nous cherchions, nous éloignant de Patay au lieu de nous en rapprocher. Alors, le lieutenant Roudaud proposa de se diriger sur la route nationale, en passant par nos anciens campements. Il avait été précédemment envoyé à Huêtre, et il pouvait donner des indications plus précises que celles qu'il était possible de recueillir au milieu de l'affolement général.

Nous arrivâmes de la sorte aux Barres, retrouvant partout nos propres traces et songeant à ceux que nous avions peut-être perdus pour toujours.

La grand'route était encombrée d'équipages et de troupes de toute sorte. C'était le désordre à la place de l'ordre, une foule au lieu d'une armée. La plupart de ceux que nous rencontrions avaient combattu ;

quelques-uns avaient peut-être erré, pour éviter le champ de bataille, comme nous devions en avoir le triste spectacle le lendemain en approchant des lignes attaquées. Tous paraissaient harassés de fatigue et de besoin.

Nous mourions de faim, et le souvenir du manque de ressources de Saint-Péravy nous décida à nous diriger sur les Ormes, du côté d'Orléans. D'ailleurs, tout faisait supposer qu'on choisirait cette ville pour y reformer les régiments écrasés avec nous.

Plût à Dieu qu'il en eût été ainsi ; car on aurait retrouvé pour sa défense, ou celle des lignes placées en avant, des troupes fraîches et capables de rendre service. Au contraire, les ordres donnés le 3 décembre portaient de rejoindre les cantonnements d'où l'on était parti la veille. C'est ainsi que nous prîmes la direction de Sougy, laissant sur notre gauche la grand'route pour suivre un chemin plus court et moins encombré.

Bientôt le canon commença à gronder. On se battait du côté de Gidy, en avant des retranchements auxquels on avait naguère travaillé avec tant d'ardeur. Il s'y trouvait, paraît-il, de grosses pièces de marine sur lesquelles on comptait pour faire subir à l'ennemi des pertes sérieuses.

La journée devait se passer à chercher, au milieu de chemins impraticables, celui qui pourrait donner un accès libre à Sougy. Enfin, la nuit arriva pour montrer les incendies allumés partout autour de nous. Nous continuâmes jusqu'aux Barres, où on nous dit qu'il serait imprudent de nous risquer plus loin, l'ennemi étant déjà en vue. La nuit était profonde et, si le fait était vrai, nous risquions de nous faire enlever même en restant où nous étions. On reprit donc encore la route d'Orléans, s'arrêtant aux Ormes, où on reçut des billets de logement.

Toute la nuit nous entendîmes des passages de voitures, et au point du jour il fut facile de reconnaître que l'armée était en pleine retraite. Néanmoins, ayant appris que le colonel, rassemblant autour de lui les débris du régiment, avait passé la nuit au Boulay (1), nous résolûmes de nous y rendre. Nous n'avions pas fait une lieue qu'on nous appela pour recevoir des vivres, dont la distribution paraissait faite en vue de les soustraire à l'ennemi. Nous reprîmes notre route en avant, et nous fûmes ainsi témoins du brillant départ des spahis pour aller charger. Bientôt il fallut rebrousser chemin, les Barres, par où nous devions passer, étant déjà évacuées. Nous retrouvâmes de nombreux camarades, mais il fut impossible de rejoindre ceux que nous cherchions avec le colonel Pinelli.

Nous arrivâmes assez tard à Orléans, bien que nous eussions souvent quitté la route pour suivre des chemins moins encombrés. Les spahis, qu'on avait vus si pleins d'ardeur, y étaient rentrés en désordre, et leur retour avait répandu une terreur malheureusement trop justifiée. En traversant le boulevard, nous rencontrâmes environ quinze cents hommes du régiment, qui y étaient réunis et qui attendaient des ordres. Il en arrivait coup sur coup, et des plus contradictoires. Au moment de notre arrivée, on venait de prévenir qu'on restait à Orléans et qu'il

---

(1) Il avait couché le 2 décembre à Huêtre et le 3 au Boulay, ayant surtout avec lui les débris du 2e et du 3e bataillons, qui étaient restés pendant la bataille sous son commandement immédiat.

fallait aller à la gare chercher des vivres pour plusieurs jours. Pendant que nous préparions des corvées à cet effet, survint un nouvel ordre portant que nous devions prendre immédiatement la direction de Beaugency pour rejoindre le colonel.

Alors notre troupe s'ébranla, s'engageant sur la route qui longe la rive droite de la Loire et qui était la plus proche. Dans les faubourgs nous vimes accourir de nombreux fuyards, annonçant l'arrivée des Prussiens, contre lesquels on n'avait pas défendu les retranchements établis pour protéger Orléans. Notre colonne dut ainsi s'arrêter brusquement, et il fallut aviser à ce qu'on devrait faire.

En l'absence d'officiers supérieurs, le commandement fut déféré au capitaine de Couronnel, qui, voyant l'ordre inexécutable par la rive droite, prit sur lui de passer par la rive gauche. La carte qu'il avait emportée de Gien l'aida à faire exécuter un mouvement qui permit d'obéir sans risquer un désastre.

A peine étions-nous rentrés en ville, que nous vîmes accourir un sous-officier apportant l'ordre de passer sur la rive gauche. L'ennemi était déjà maître des hauteurs qui dominent la Loire et il allait bientôt nous donner de ses nouvelles.

C'était un triste aspect que celui d'Orléans le 4 décembre, à la nuit tombante. La ville était déjà presque entièrement évacuée, les maisons se fermaient et on attendait à chaque instant l'arrivée de l'ennemi. Nous trouvâmes les rues presque désertes jusqu'à l'entrée du grand pont, sur lequel se pressait une foule en désordre. Nous pûmes cependant le passer sans nous séparer, formant une masse compacte au milieu de débris sans cohésion.

La route que nous prîmes en débouchant sur la rive gauche était encombrée de caissons et de cavaliers de toutes armes. On y remarquait surtout des spahis et des lanciers. Quant aux fantassins, ils paraissaient avoir préféré la route du centre pour s'arrêter dans les faubourgs et prendre un peu de repos et de nourriture. Nous étions tous exténués, et l'auteur de ces lignes serait probablement resté en chemin si l'ennemi ne s'était chargé de nous arrêter.

Nous marchions sur les bas-côtés et nous avions fait environ deux kilomètres, lorsque, à la hauteur de l'église de Saint-Pryvé, la route fut subitement couverte de projectiles. C'était l'ennemi qui nous envoyait une volée d'obus et qui se préparait à nous faire charger par sa cavalerie. On put l'arrêter en coupant le pont de bateau établi sur la Loire, au moment où il s'y engageait ; mais il fallut abandonner la route, y laissant de tristes débris. En un clin-d'œil, elle fut déserte, cavaliers et fantassins se dispersant dans des vignes et dans un petit bois, qui était proche. Ce fut un moment une bagarre qui fit même quelques victimes. Impossible de rallier personne. Il fallut donc suivre le mouvement et s'arrêter à Olivet, qui paraissait être devenu le rendez-vous général.

Après y avoir pris un peu de repos et de nourriture, nous nous remîmes en marche, ne voulant pas risquer d'être pris par l'ennemi, déjà maître d'Orléans. Le triste état où nous étions rendant nécessaire d'éviter tout détour inutile, il fut décidé de prendre la route de la Ferté-Saint-Aubin, que nous connaissions déjà et où nous étions sûrs de trouver quelques ressources. Nous y arrivâmes un peu avant le jour, ayant rencontré partout les maisons encombrées et les équipages fuyant en désordre.

On se réunit dès qu'il fit clair, et il fut résolu de continuer la route dans la direction du centre, l'ennemi étant attendu à chaque instant à la Ferté-Saint-Aubin.

Chacun avait passé la nuit comme il avait pu ; mais nous étions relativement reposés et nous avions recruté de nombreux compagnons. Aussi étions-nous assez nombreux quand nous arrivâmes à la Motte-Beuvron, où notre entrée en bon ordre fit sensation. On nous y distribua des vivres, qu'on était peut-être heureux de sauver ainsi du désordre et même de l'ennemi. La déroute était si complète qu'on nous engagea à continuer jusqu'à Salbris, où nous arrivâmes à la nuit, après avoir doublé l'étape.

Nous allâmes immédiatement nous mettre à la disposition de l'autorité militaire, demandant un gîte et offrant nos services. Le gîte, après bien des démarches, nous fut donné à la gare, dont le chef devait se montrer plein de dévouement dans ces tristes circonstances. Quant aux ordres, il n'y en avait point, du moins pour le moment.

Le lendemain, dès que nous fûmes en état de nous tenir sur nos jambes, nous nous réunîmes à la gare. Quelques-uns, parmi les plus valides peut-être, s'étaient déjà mis en route pour suivre le mouvement du côté où le hasard pourrait les conduire. Néanmoins, notre nombre avait plutôt augmenté que diminué par les recrues que le hasard nous avait aussi amenées.

Il fallait d'abord se procurer des vivres, et nous fûmes assez heureux pour trouver une intendance fonctionnant près de la gare. Son chef avait fait des merveilles, car nous eûmes de suite une distribution régulière. Il parut ravi de trouver une petite troupe organisée, et il donna à son chef l'ordre suivant :

« M. le capitaine de Couronnel, du 71ᵉ, est prié de
« mettre cinquante hommes de garde à la gare.

« Ces hommes auront pour consigne de barrer le
« passage à tous les traînards, de les faire sortir de la
« gare et de les forcer à se rallier autant que possible
« sur la place, où ils se réuniront par corps.

« Il faut, par tous les moyens possibles, empêcher
« le stationnement de tous les isolés, à l'exception des
« blessés qui viendraient pour être évacués.

« Le chef de poste, un officier autant que possible,
« aura à déférer, à toutes les demandes du chef de
« service de la gare, du comptable que je vais y établir
« et à mes ordres.

« *L'intendant du grand quartier général.*
« 6 décembre, 10 heures » (1).

Nous passâmes la journée à la gare, au milieu du plus grand désordre. On voyait sans interruption passer des voitures, des fuyards et des blessés. L'exemple gagnait quelquefois un peu les nôtres, qui nous quittaient pour suivre le mouvement ; mais les choses allaient de telle sorte que ceux qui partaient étaient bientôt plus que remplacés. Ce n'était malheureusement pas à Salbris que nous devions nous rallier ; car l'ennemi avançait toujours.

En allant chez le général Martin des Paillères, nous fûmes témoin du passage d'un uhlan à travers Salbris et les troupes qui l'encombraient. Cet homme paraît

---

(1) Le général Martin des Paillères, qui commandait à Salbris, parle de nous dans son rapport.

l'avoir fait impunément, tant il allait vite et tant son arrivée était soudaine. Plusieurs de nos cavaliers le poursuivaient ; mais ils étaient loin et leurs cris arrivaient trop tard pour qu'on pût lui barrer le passage.

Le général voulut bien nous faire compliment sur notre bonne volonté en nous réitérant l'ordre de rester à la gare. La solde et les vivres nous étaient assurés jusqu'à ce qu'on nous permit de rejoindre le gros du régiment où on pourrait nous l'indiquer (1).

Le 7 décembre au matin, il nous arriva des renforts en hommes et en officiers. Bientôt le canon commença à gronder et on annonça que l'ennemi, qui avait soin de suivre, autant que possible, les voies ferrées, attaquait nos avant-postes à Nouan-le-Fuzelier, où se trouve la station qui précède Salbris, sur la ligne d'Orléans à Limoges. Il devait être alors à douze kilomètres ; mais il avançait toujours, car le bruit devenait de plus en plus distinct.

Autour de nous régnait une grande agitation ; on réunissait sur la route de Romorantin les débris du 16ᵉ corps, auquel nous appartenions. Le commandant du détachement crut alors devoir se rendre auprès de l'officier chargé de ce soin, et il fut convenu que nous irions le rejoindre dès que nous serions autorisés à quitter la gare. Il donna à ce sujet un ordre écrit, que nous allâmes porter à l'état-major. (2)

---

(1) Le chef d'état-major du général Martin des Paillères était le colonel des Plas, que nous avions connu à Paris et qui devint bientôt général.

(2) Il était ainsi conçu :

NOTE.

M. le capitaine de Couronnel, de la Mobile de la Haute-Vienne, est autorisé à demander que ses hommes, qui sont de garde à la gare de Salbris, aillent rejoindre les détachements du 16ᵉ corps campés sur la route de Romorantin, pour être mis en route demain matin.

Salbris, le 7 décembre 1870. *Le commandant.*

Nous y trouvâmes tout le monde à cheval, et on nous répondit que puisqu'on quittait Salbris nous pouvions bien le quitter aussi. Nous allâmes donc occuper sur la route de Romorantin la place qui nous était indiquée ; il était alors environ deux heures. Tout autour de nous battait en retraite. Les tentes étaient abattues et les divers détachements qui les avaient occupées s'éloignaient, s'arrêtant quelquefois comme pour prendre position, et finissaient par disparaître. Nous étions encore environ deux cents hommes quand nous quittâmes Salbris.

La direction vers Romorantin semblait d'autant plus logique qu'elle nous rapprochait de Beaugency, où le colonel avait passé. A peu de distance de Salbris, nous trouvâmes à la Ferté-Imbault un état-major établi, dont nous prîmes les ordres. On nous y indiqua la route de Blois comme la plus sûre pour rejoindre les débris du régiment; car il était peu probable que le colonel fut resté à Beaugency, que l'ennemi devait occuper, et il était imprudent de s'aventurer dans cette direction.

Nous continuâmes donc notre marche sur Romorantin, où nous arrivâmes à la nuit tombante. Les habitants nous firent bon accueil, et des logements et des vivres nous furent assurés. La ville avait une garde nationale paraissant bien organisée ; ses abords, parsemés de petits bois, étaient faciles à défendre et peu faits pour attirer un ennemi qui craignait les embuscades. Celui auquel on aurait eu affaire n'aurait été, comme la suite l'a prouvé, que peu nombreux et envoyé plutôt pour piller ou réquisitionner que pour occuper un point stratégique.

Pendant la nuit arriva la nouvelle de l'approche de l'ennemi ; elle nous fut confirmée par le sous-préfet,

M. de Champeaux, qui voulait tenter une résistance. Il fut donc convenu qu'un conseil de défense serait rassemblé, et un rendez-vous fut pris à ce sujet. Malheureusement, l'autorité manquait au chef sur un détachement composé d'éléments divers, où l'influence locale dominait celle du grade. Pendant qu'il était à l'hôtel-de-ville, attendant une délibération qui eût été un honneur pour le régiment, on faisait partir sa troupe.

C'est ainsi que nous quittâmes Romorantin, nous dirigeant sur Blois, dont nous n'étions plus séparés que par deux journées de marche. Le soir on s'arrêta à Contres, et le lendemain on se remit en route, espérant arriver à destination. Quelques-uns des nôtres prirent des voitures pour aller à Cellettes, tout près de Blois, où rendez-vous leur fut donné. C'était une malheureuse idée, car les nouvelles de la journée furent de plus en plus mauvaises.

Au lieu de continuer, il eût été prudent de s'arrêter à Cour-Cheverny, où nous arrivâmes à la tombée du jour. Nous n'aurions pas été fatigués pour le lendemain et surtout nous aurions évité la panique de la nuit suivante. Malheureusement, l'idée de rejoindre des camarades, qui nous avaient peut-être déjà précédés auprès du colonel, devait prévaloir. On arriva assez tard à Cellettes, où on retrouva ceux qui avaient pris les voitures, et on se prépara à y passer la nuit.

C'est le soir du 9 décembre, vers six heures, qu'eut lieu la funeste affaire de Chambord, où nous devions perdre tant de braves camarades. Nous ne tardâmes guère à en recevoir le contre-coup.

Après qu'on se fut retiré pour prendre du repos, arrivèrent à Cellettes les débris des régiments surpris à Chambord. Bientôt ce fut une foule semant partout l'alarme ; tout le village fut sur pied, et il fallut se décider à suivre un mouvement qui n'était malheureusement que rationnel. Nous partîmes donc sans attendre le jour.

Vers midi, nous arrivâmes à Chaumont avec une forte colonne qui s'était recrutée en route. Cela nous fit remarquer et nous valut des vivres, que nous fit donner le général Morandy ; nous n'en usâmes guère, car il fallut abandonner la viande sans avoir pu la faire cuire. Nous étions rassemblés au bord de la Loire, qui charriait des glaçons, sur une route resserrée entre la rivière et les rochers à pics que domine le château. On nous tint là pendant plusieurs heures, ne nous faisant partir que les derniers, avec les Mobiles de la Charente-Inférieure, comme pour soutenir la retraite. Il n'y avait plus après nous que les débris d'un régiment de ligne.

On nous fit marcher très vite ; aussi n'étions-nous pas nombreux quand nous arrivâmes à Amboise, à dix heures du soir. Nous restions environ quatre-vingts de toute la colonne réunie dans la journée.

On nous donna rendez-vous à huit heures, le lendemain, pour aller chercher des vivres avec le régiment de la Charente-Inférieure, auquel nous étions provisoirement réunis. La distribution fut incomplète et on nous oublia totalement. Alors le commandant du détachement alla trouver le général Morandy, qui le congédia en disant que nous n'étions plus sous ses ordres.

Pendant ce temps, on vint nous avertir que d'autres Mobiles étaient réunis au château d'Amboise avec le capitaine de Preaulx. Le capitaine de Couronnel crut devoir aller les retrouver avec son détachement ; et c'est ainsi que nous fîmes notre jonction avec ce qui était naguère le gros du régiment.

Sa retraite, sous les ordres du colonel, n'avait été ni sans péril, ni sans honneur. Le 4 décembre, la troisième compagnie du 3e bataillon, commandée par le capitaine Moreau, avait dégagé une batterie menacée par des cavaliers ennemis. La conduite de cet officier fut assez remarquée pour lui valoir, peu à près, la croix de la Légion-d'Honneur.

La retraite, dirigée sur Blois, se fit sans cesse en présence de l'ennemi, et les débris du régiment prirent une part plus ou moins active aux combats des 5, 6 et 7 décembre. Cela n'empêchait pas de le reformer, même pendant qu'il était au feu.

C'était à M. de Preaulx, par privilège d'âge, à prendre le commandement de ce qui restait du régiment, encore plus éprouvé à Chambord qu'à Loigny. L'embuscade où l'avaient fait tomber des ordres supérieurs ne lui avait alors laissé que des officiers subalternes (1). Nous savions le colonel blessé grièvement, et nous étions sans nouvelle de la plupart de nos camarades, parmi lesquels nous craignions de compter bien des morts.

---

(1) La plupart des officiers pris à Chambord furent envoyés à Stuttgard, avec le commandant Duval.

CHAPITRE VII

ARRIVÉE A TOURS. — DÉPART DU RÉGIMENT POUR LIMOGES IL Y RESTE JUSQU'A LA FIN DE DÉCEMBRE.

Le capitaine de Preaulx dirigea la marche sur Tours, où nous arrivâmes au nombre d'environ huit cents hommes.

Tout y était dans la confusion ; car on sentait que la ville ne pourrait pas être défendue. Le Gouvernement l'avait déjà quittée pour aller à Bordeaux, et les administrations finissaient leurs préparatifs de départ. On y voyait un mélange d'uniformes de toutes sortes, surtout chez les francs-tireurs qui se faisaient remarquer par une variété de costumes, souvent élégants et même assez frais ; les uns distinguaient leurs grades par de petits bonnets de liberté, les autres de façons différentes. Ce qui devait former la deuxième armée de la Loire avait déjà pris la direction du Mans avec le général Chanzy.

Nous avions rencontré, à Tours, le seul officier supérieur qui restât du régiment. Il nous fit partir immédiatement pour Limoges afin de nous y reformer.

On nous embarqua le soir, à la gare, au nombre d'environ mille hommes, et nous étions si fatigués que nous restâmes toute une nuit en détresse, sans nous en douter et sans songer à réclamer. On nous fit passer par Périgueux pour aller à Limoges, où nous arrivâmes le 13 décembre à la fin de la journée. Nous devions y rester jusqu'au moment où le général Chanzy nous fit appeler.

Il s'écoula ainsi près de trois semaines, pendant lesquelles nous vîmes arriver ceux de nos blessés qui étaient transportables. Parmi eux se trouvait le colonel

Pinelli, que nous ne pouvions plus espérer voir continuer la campagne. Son absence fut une grande perte pour le régiment, auprès duquel il ne fut jamais remplacé. Il arrivait aussi de nos camarades, qui avaient pris des directions différentes. Beaucoup avaient été trompés par ce qu'on disait au sujet du 16e corps, auquel nous appartenions, et parmi les derniers venus la plupart avaient été au Mans.

En même temps que nous se trouvaient à Limoges les mobilisés du département, à peine réunis et venant de nommer leurs chefs. Pour les aguerrir on avait imaginé de les faire camper sur le champ-de-foire. Ce genre d'exercice leur devait être encore plus dur qu'à nous ; car il faisait un froid exceptionnel. Quelques-uns de ceux qui restèrent sous les tentes le payèrent de leur vie, d'autres en restèrent infirmes.

Nous vîmes alors les tisanes geler dans la chambre où nous étions.

On nous avait envoyés d'abord dans une brasserie, de l'autre côté de la Vienne, au faubourg Saint-Martial ; puis on nous établit à la caserne des vétérans, pendant que d'autres camarades étaient au manège de cavalerie (1).

Le long séjour du 74e Mobile à Limoges et même son arrivée dans cette ville ont été diversement appréciés. Sa présence à l'armée, comme au chef-lieu du département, était réglée par des ordres auxquels la discipline prescrivait d'obéir. Le régiment avait fait son devoir dans les circonsntaces les plus difficiles et il allait encore le faire.

(1) Grâce aux bons soins de la famille Desbordes qui avait bien voulu recevoir l'auteur de ces lignes, il put se remettre promptement de ses fatigues.

Parmi ceux qui se montraient si braves au coin de leur feu, plusieurs étaient d'âge et de force à nous suivre. Ils en auraient même été plus en mesure que nous, qu'avait déjà éprouvés le commencement d'une campagne devant encore faire des victimes quelques années plus tard. Ils auraient pu alors demander ou faire demander la guerre à outrance, sans s'attirer une critique malheureusement trop justifiée.

CHAPITRE VIII

DÉPART DE LIMOGES. — ARRIVÉE AU MANS
LE 71ᵉ MOBILE EST DÉTACHÉ A CHATEAU-RENAULT
MOUVEMENT DE RETRAITE SUR LE MANS
LE 71ᵉ MOBILE
SOUTIENT LA RETRAITE DE LA 2ᵉ ARMÉE DE LA LOIRE
ARRIVÉE A LAVAL.

On nous fit partir précipitamment de Limoges, le 31 décembre, sur un ordre du général Chanzy, qui nous avait assigné d'avance notre place de bataille.

Le 1ᵉʳ janvier nous arrivions le soir au Mans, qui était encombré de troupes. Dès le lendemain, plusieurs des nôtres furent atteints de la petite-vérole, qui sévissait dans l'armée.

Le 2 janvier on nous réunit de bonne heure sur la place de la ville, auprès d'une promenade. Nos compagnies y furent complétées de quelques nouvelles recrues qu'on n'avait pas eu le temps d'y incorporer à Limoges, et qui, pour la plupart, appartenaient à la classe 1870, dont l'appel avait été devancé. On les répartit de façon à porter l'effectif des compagnies à cent quarante-cinq hommes. Après, on nous envoya à l'état-major de notre division, à deux kilomètres de la ville, qu'on nous fit encore traverser pour aller prendre position à deux lieues en avant.

La 3e et la 4e compagnie du 1er bataillon furent cantonnées dans un petit village appelé les Rossets, où nous étions plus nombreux que les habitants. En outre, il était fort pauvre et nous y aurions probablement trouvé la famine si les distributions n'avaient été faites alors régulièrement.

La position des Rossets dominait le pays, qui est coupé de haies et de chemins creux. De ce côté il y avait aussi de grands bois de sapins entourant le château de la Busardière, où était un détachement de cavalerie. Ce terrain convenait mieux que la Beauce à une guerre défensive, atténuant la supériorité d'un ennemi à la fois plus nombreux et mieux armé. C'était celui sur lequel les Chouans avaient si longtemps combattu, et on pouvait encore s'en servir à leur exemple.

Le 4 janvier, les officiers du régiment furent mandés à l'état-major pour une enquête relative à notre absence de l'armée pendant la fin du mois de décembre. Cette enquête n'eut d'autre résultat que celui qu'elle devait avoir : c'est-à-dire de prouver le désarroi qui régnait après les désastres de la première armée de la Loire. Les ordres étant peu précis ou contradictoires, chaque commandant de détachement pouvait les interpréter à sa guise, sans y désobéir.

Nous quittâmes les Rossets le lendemain de bonne heure pour retourner au Mans, où nous n'arrivâmes qu'assez tard, ayant fait une longue halte à mi-chemin.

Le 1er bataillon passa la nuit sous une grande halle, en attendant qu'on pût prendre le chemin de fer. Il faisait horriblement froid, et tous les hôtels avaient été fermés par ordre.

On nous embarqua, dès qu'on le pût, pour Château-Renault, où nous n'arrivâmes que le lendemain matin, quoique n'ayant eu à parcourir qu'une faible distance (1). Il est vrai que nous étions restés longtemps à Dissay-sous-Courcillon, à quarante-quatre kilomètres du Mans.

On nous fit rapidement traverser la petite ville de Château-Renault, où nous pensions rencontrer l'ennemi, et nous continuâmes jusqu'au village du Boulay, qu'occupaient déjà les Mobilisés de Maine-et-Loire. Leur colonel prit le commandement supérieur; c'était un ancien officier qui sut nous inspirer confiance.

Il nous mena, le lendemain, prendre position à Château-Renault, où nous assistâmes à un succès de nos troupes. L'action dura jusqu'à la nuit et on fit quelques prisonniers. Nous n'eûmes point à aller au feu, quoique le colonel nous eut recommandé de nous tenir prêts à marcher au premier signal. Le soir même on nous fit retourner au Boulay.

Le lendemain, 7 janvier, la troisième et la quatrième compagnie du 1er bataillon furent envoyées de grand'-garde à Monthodon. Là, nous étions aux extrêmes avant-postes, à vingt kilomètres environ de Vendôme.

Ceux qui nous précédèrent et ceux qui nous suivirent dans ces positions eurent avec l'ennemi des luttes sanglantes. Pour nous, nous ne devions voir que quelques uhlans, qui s'enfuirent à notre approche. Nous rencontrâmes, le jour suivant, dans une ambulance, des blessés d'une compagnie de l'Isère, qui avait été presque

---

(1) Nous n'avions fait que cent vingt-trois kilomètres.

entièrement détruite la veille de notre passage à Monthodon, ayant été surprise par l'ennemi, auquel une vieille femme servait de guide.

Le 9 janvier, dès la pointe du jour, on nous fit quitter le Boulay. Après une longue marche, que la neige avait rendue des plus pénibles, nous arrivâmes à Rouziers, près de la station de Saint-Antoine-du-Rocher, sur la ligne de Tours (1) au Mans. En route, nous fûmes rejoints par les deux autres bataillons du régiment qui venaient de Château-Renault. Nous y trouvâmes aussi le nouveau lieutenant-colonel qui avait précédemment commandé un bataillon de Mobiles d'Indre-et-Loire.

La nuit se passa tranquillement; mais il fallut rester sous les armes toute la journée du lendemain. Pendant que nous étions à Château-Renault, trompés peut-être par l'ennemi qui nous laissait un succès facile pour mieux nous attirer, il se concentrait autour du Mans, dont il cherchait à nous couper la route. Il fallait battre en retraite le plus tôt possible pour ne pas être enveloppés.

A Rouziers, nous eûmes à supporter une vraie tempête de neige. Ce fut peut-être ce qui nous sauva; car l'ennemi, rendu audacieux par ses victoires et disposant de forces supérieures, nous cernait, paraît-il, de tous côtés. On nous fit partir à la tombée du jour, au milieu de la tourmente, par le seul chemin qu'on croyait libre.

La neige qui nous aveuglait avait tout nivelé, et notre guide, bien qu'étant du pays, pouvait à peine retrouver son chemin. A chaque instant il fallait s'arrêter pour sonder le terrain. Nous passâmes sans encombre à

---

(1) Nous étions alors à environ vingt kilomètres de Tours.

Neuillé-Pont-Pierre (1), qu'on croyait fortement occupé par l'ennemi, et nous arrivâmes à Dissay-sous-Courcillon après plus de dix heures de marche.

Peut-être avions-nous couru moins de danger qu'on ne le supposait, car l'imagination exagère ou diminue les faits d'après l'état des esprits. Notre marche du lendemain pourrait en avoir fourni un exemple. Nous devions continuer jusqu'à la station d'Ecommoy, à dix-huit kilomètres du Mans ; mais on disait que l'ennemi s'y trouvait en force. On nous fit donc rebrousser chemin à Mayet, abandonnant la ligne du chemin de fer pour aller passer la nuit à Pontvalain. Cependant l'ennemi se laissa surprendre à Ecommoy, abandonnant même son dîner aux francs-tireurs des Deux-Sèvres.

Notre longue marche à travers la neige, de Rouziers à Pontvalain, avait amené, outre la fatigue, quelques cas de congélation. Il y en eut moins cependant parmi nous que parmi les cavaliers qui nous accompagnaient, quoiqu'ils n'eussent pas été obligés de mettre les pieds dans la neige.

Le lendemain on nous fit quitter Pontvalain, avant le jour, pour aller en colonne du côté d'Ecommoy. Nous traversâmes de grands bois de sapins, où on nous mit plusieurs fois en bataille. On n'y trouva rien de suspect et on nous fit rebrousser chemin pour aller à La Suze, qui n'est éloignée du Mans que de dix-huit kilomètres.

Les premières troupes que nous y rencontrâmes paraissaient avoir récemment combattu, et c'est d'elles que nous apprîmes le nouveau désastre de nos armes.

---

(1) Il y a là une station de chemin de fer à vingt-huit kilomètres de Tours.

Notre jonction était faite avec l'armée du Mans, dont la troisième division du 16e corps, à laquelle nous appartenions, allait couvrir la retraite sous les ordres du général de Curten.

Notre compagnie ne resta pas à La Suze, qui était encombrée de troupes. Elle fut détachée de grand'garde, à deux kilomètres en avant, au village de Roizet, où elle passa la nuit.

Le lendemain on se dirigea sur La Flèche, où nous arrivâmes sans incident, bien que l'ennemi nous suivit de près. Les habitants nous accueillirent très bien, et sans la bonne hospitalité qu'y reçut l'auteur des ces lignes il aurait probablement été obligé de rester en route, comme bien d'autres.

Nous ne trouvions guère, pendant cette triste retraite, d'autre nourriture que de la graisse qu'on étalait sur du pain, quand on en avait, et quelques fonds de conserves de porc, appelées « rillons » dans le pays. Nous étions les dernières troupes qui passaient, et nos prédécesseurs avaient, assurait-on, tout épuisé. Quant aux vivres de réserve, il n'y fallait pas songer ; nos biscuits auraient pu, au besoin, remplacer des projectiles. Avec cela, il fallait sans cesse marcher, s'arrêtant quelquefois longtemps dans la neige, sans pouvoir faire de feu ou étant obligés de le quitter dès qu'il était allumé.

La ville de La Flèche est dominée par des hauteurs qui en rendaient la défense impossible. Aussi c'était là, paraît-il, que l'ennemi avait l'intention de nous surprendre.

En quittant cette ville on nous fit faire bien des détours, qui ne nous permirent d'arriver que le soir à Sablé. Nous restâmes ainsi toute une journée pour franchir une distance d'environ cinq lieues.

Notre extrême arrière-garde eut pendant la route un petit engagement.

Nous ne nous arrêtâmes pas à Sablé, et notre compagnie fut encore envoyée de grand'garde à Solesme, à deux kilomètres sur la route du Mans. Cela nous donna l'occasion de visiter la belle abbaye de Bénédictins qui s'y trouve. Malheureusement nous n'étions guère en mesure d'admirer les arts ou la belle nature, la fatigue nous absorbait, et le loisir allait nous manquer.

Il fut un moment question de passer la journée du dimanche à Solesmes. Les bons religieux nous préparaient une messe militaire solennelle, et des distributions plantureuses nous annonçaient l'abondance ; mais il fallut tout quitter en grande hâte.

A neuf heures arriva l'ordre de partir pour Sablé, où nous trouvâmes toute la division en mouvement.

Au sortir de la ville on nous mit en bataille, et le général de Curten vint nous encourager, annonçant que nous allions combattre. Il n'en fut rien cependant, et, après quelque attente, on nous remit en marche pour aller à Laval.

Nous suivions une route moins belle et moins directe que celle qu'on prend ordinairement ; mais elle permettait de mieux protéger la retraite par une marche de front.

L'ennemi nous suivait de très près ; car il entra à Sablé juste au moment où nous le quittions, nous prenant même quelques traînards. Après nous être arrêtés bien des fois, nous arrivâmes, en pleine nuit, à un petit village appelé Chemeré-le-Roi. On craignait qu'il ne fut occupé, et notre compagnie fut chargée de le fouiller avant d'y faire halte. Nous y passâmes quelques heures, tantôt dehors, au milieu de la neige, tantôt dans des chaumières, plus ou moins auprès du feu. Puis on nous remit en route, cette fois pour arriver à Laval; mais ce ne fut pas sans peine.

Il fallut s'arrêter plus souvent que jamais pour se former en bataille, et les cavaliers ennemis nous accompagnèrent jusqu'à Forcé, à cinq kilomètres de la ville. Mal en prit à ceux qui s'avancèrent trop; car ils perdirent un capitaine, dont le corps fut réclamé le lendemain.

Nous arrivâmes à Laval un peu avant la nuit. C'est là que devait se terminer la retraite de la 2ᵉ armée de la Loire. Le 71ᵉ Mobile y figura avec honneur, étant toujours à l'arrière-garde et supportant, sans se laisser entamer, les plus grandes misères.

Les circonstances seules l'empêchèrent de prendre part à de fréquents combats, comme la Mobile de l'Isère, avec laquelle nous faisions brigade.

Au reste, les rapports militaires rendent pleine justice aux troupes qui accompagnèrent le général de Curten dans sa marche aussi habile qu'heureuse.

CHAPITRE IX

ARRIVÉE A LAVAL. — SÉJOUR AUX AVANT-POSTES
LES GRAND'GARDES. — UNE BATAILLE PARAIT IMMINENTE
L'ARMISTICE VIENT SUSPENDRE LES HOSTILITÉS.

Quand nous arrivâmes à Laval, le 16 janvier, à la tombée du jour, on délibérait sur le sort de la ville. Nous ne pûmes y entrer qu'après avoir attendu assez longtemps, sans néanmoins qu'aucune ressource nous fût assurée. L'inquiétude et le découragement dominaient dans la ville, dont les habitants cachaient ou emportaient ce qu'ils avaient de plus précieux. L'accès auprès de toute autorité était interdit, et ceux qui devaient sauver Laval de l'invasion étrangère étaient réduits à y errer. Enfin, nous pûmes découvrir une fabrique abandonnée, où la compagnie s'installa pour la nuit.

Le lendemain, au point du jour, nous étions sur la grande place, où rendez-vous nous avait été donné. Là, il fut encore mieux possible que la veille de se rendre compte du désarroi qui régnait autour de nous. On minait les ponts pendant qu'ils étaient encombrés de troupes et de voitures, traversant la Mayenne pour prendre la route de Rennes, sur laquelle on disait que nous allions encore protéger la retraite.

En attendant on nous appelait pour déménager des magasins qu'on désespérait de sauver ; c'est ainsi que nous eûmes des bidons, dont il avait fallu se passer jusqu'alors. On trouva aussi des peaux de biques, dont quelques-uns des nôtres s'affublèrent trop souvent par nécessité.

Nous étions sous une pluie battante, voyant passer tout le monde pour rester les derniers. Enfin arriva l'ordre de se mettre en marche ; c'était pour rebrousser chemin et pour aller à Forcé, jusqu'où les éclaireurs ennemis nous avaient suivis la veille. Ce mouvement, qui devait sauver Laval, n'était pas sans danger pour ceux qui l'exécutaient et il était facile de s'en rendre compte (1). Si l'ennemi nous offrait la bataille, nous devions combattre jusqu'au bout, sans pouvoir espérer de sérieux renforts ; car les débris de la deuxième armée de la Loire ne paraissaient guère mieux en état de combattre que ceux de la première à Salbris.

Notre avant-garde arriva le soir à Forcé, délogeant quelques éclaireurs prussiens, pendant que nous attendions sur la route, prêts à tout événement. Nous n'eûmes cependant qu'à passer une fort mauvaise nuit, dans un endroit appelé la Ville-en-Bois, à environ trois kilomètres de Laval. On nous avait postés sur la route, dans une petite maison dont on avait fait un corps de garde. Le temps était très froid et le jour fut long à attendre, tantôt dehors, tantôt sur une chaise, auprès d'un poêle insuffisant.

---

(1) Nous vîmes arriver à ce moment plusieurs de nos blessés, entr'autres le capitaine Loupias et le lieutenant Mazabraud, qui venaient reprendre leur poste.

Les autres avaient dû rester à Limoges ; tandis qu'un petit nombre allait à Bordeaux, où la pauvre République comptait déjà plus de courtisans qu'on n'en aurait trouvé jadis à Versailles.

En surveillant la route, nous eûmes l'occasion d'arrêter plusieurs individus qui avaient l'idée, plus que suspecte, de circuler la nuit au milieu des avant-postes. Quelques-uns furent reconnus pour des déserteurs, et on envoya le tout en bloc à Laval.

Le lendemain, 18 janvier, on se mit en ligne de bonne heure, et il fallut y rester presque toute la journée. L'ennemi attaquait Laval, sur lequel il envoyait une forte reconnaissance. Au lieu de se diriger sur nous, qui étions les plus avancés, il marchait sur la gare, où il trouvait les Mobiles de l'Isère. Ce fut encore leur tour à combattre, et ils eurent l'honneur de repousser, dans ce dernier engagement, les Prussiens, qui semblaient autant les rechercher que nous éviter.

L'ennemi, qui croyait sans doute entrer à Laval sans coup férir, se retira après une heure de combat, nous abandonnant un champ de bataille sur lequel il ne laissait ni armes ni blessés. Ses forces, qu'il n'engagea du reste que partiellement, paraissaient être d'environ dix mille hommes avec de l'artillerie. Nous l'avions attendu, rangés le long du talus de la route, couverts par des tirailleurs, dont quelques-uns purent faire le coup de feu.

Le lendemain notre compagnie fut désignée pour être de grand'garde. Comme son effectif avait peu diminué, en dépit de nos fatigues et de nos souffrances, on lui fit faire un double service en la divisant par moitié. Le lieutenant Roudaud fut envoyé sur le chemin de Bazougers, par lequel nous étions arrivés à Laval; tandis que le capitaine allait, à un kilomètre en avant de Forcé, sur la route nationale, s'établir dans une petite ferme appelée La Raterie. Nous étions là, près d'une tranchée qui barrait la route de Sablé que nous avions mission de défendre.

A peine étions-nous arrivés qu'on découvrit des canons de fusils sur la cendre encore chaude qu'avait dû produire la combustion de leurs crosses. Était-ce l'œuvre de Prussiens ou de déserteurs ? C'est ce qu'il fut impossible d'approfondir ; car on était avare de renseignements avec nous.

Un homme, se vantant d'être ancien militaire, ayant dit que les Prussiens venaient à chaque instant chez lui, tout près de notre cantonnement, nous le priâmes de nous avertir à l'occasion. Cela le fit taire, et il ne voulut plus rien raconter. L'esprit belliqueux des Chouans avait peine à se réveiller chez notre interlocuteur.

Les fusils que nous avions trouvés étaient presque tous des chassepots et ils ne devaient pas être les seuls mutilés de la sorte. Près du tas de cendre où ils étaient, nous vîmes d'autres tas semblables et on retrouva dans une fondrière encore un canon de fusil. Nous pûmes rassembler ainsi vingt-deux canons, que nous envoyâmes avec leurs accessoires au commandant du régiment.

La matinée du 19 janvier ne devait pas être exempte d'émotions. On vint nous annoncer qu'une colonne ennemie, de quarante mille hommes environ, arrivait sur nous. Les militaires qui travaillaient à la tranchée se retiraient, et nous restions environ soixante hommes pour la défendre. Dans le cas probable où nous ne serions pas secourus, nous avions à dos une rivière (1) dont le pont était miné et ceux d'entre nous qui auraient pu y arriver devaient le trouver sauté ou occupé par l'ennemi.

Nous faisions de notre mieux, tâchant d'utiliser les haies et les accidents de terrain assez fréquents où nous étions, quand arriva un caporal apportant l'ordre de retourner immédiatement à Forcé. Bientôt survint un nouvel ordre, disant que nous devions rester à La Raterie, où nous demeurâmes tranquillement jusqu'à ce qu'on nous rappelât. Les quarante mille Prussiens restèrent en route, et on n'a jamais su l'origine de la nouvelle à sensation donnée à leur sujet.

Le soir on nous fit prendre, auprès de La Ville-en-Bois, un cantonnement, que nous occupâmes jusqu'à l'armistice. Nous étions dans une petite maison de campagne, qui s'effondrait sous nos pas et dont le propriétaire a peut-être accusé nos Mobiles d'un méfait dont ils étaient plus innocents que ses maçons.

Nous fûmes encore deux fois de grand'garde. La première fois il fallut rester sous les armes de minuit jusqu'à midi, au milieu de la neige, avec défense d'allumer du feu de peur de servir de point de mire à l'ennemi. La deuxième fois, le 25 janvier, on nous envoya sur la route de Bazougers, où nous arrivâmes juste après que les hussards de la mort eussent enlevé deux sentinelles à nos prédécesseurs.

Nous étions chargés d'appuyer une reconnaissance,

---

(1) La Joigne, affluent de la Mayenne.

composée de francs-tireurs et de cavaliers, qui, partie le matin, ne fut de retour que le lendemain. Pendant que nous l'attendions, le canon se mit gronder, ce qui nous fit croire qu'il s'agissait, sinon d'une bataille, du moins d'un engagement sérieux. C'était simplement l'exercice à feu qu'on faisait faire à nos artilleurs, oubliant d'avertir les avant-postes.

La reconnaissance arriva à la fin de la matinée, ramenant quelques prisonniers. Un d'entre eux était à cheval, et nous le fîmes arrêter pour reconnaître son uniforme. Bien qu'il fut en dessous très différent de celui des nôtres, il lui ressemblait à s'y méprendre avec le grand manteau bleu que la saison forçait à porter.

Nous regagnâmes le soir notre cantonnement de La Ville-en-Bois, où nous vîmes un mouvement qui semblait présager une bataille imminente.

Il avait été un moment question de nous embarquer pour aller faire la guerre en Normandie; cette fois, on voulait attendre l'ennemi en avant de Laval, et on faisait ses préparatifs en conséquence. Nous eûmes à cette occasion, comme avant la bataille de Loigny, des distributions de faveur. Au lieu d'eau-de-vie, on nous donna des conserves, qui firent à notre régime ordinaire une heureuse diversion.

Le 28 janvier on nous distribua des capotes destinées, d'après leurs boutons, aux Mobilisés. Elles étaient de bonne qualité, et, après nous avoir servi jusqu'au licenciement, elles purent être versées dans les magasins.

Le lendemain, 29 janvier, on nous fit rentrer dans Laval, où la nouvelle de l'armistice était affichée.

C'était pour nous la fin de la guerre.

CHAPITRE X

RETOUR A LAVAL. — SÉJOUR A ANDOUILLÉ
VOTE POUR L'ÉLECTION DES DÉPUTÉS
INSPECTION DU GÉNÉRAL DE CURTEN
LONGUE MARCHE POUR ALLER DU COTÉ DE POITIERS
SÉJOUR A DISSAIS-SUR-VIENNE. — ARRIVÉE A CHATELLERAULT
CONCLUSION DE LA PAIX

Du 29 janvier jusqu'au jour où on nous renvoya dans nos foyers nous n'eûmes plus à faire que quelques exercices et des marches souvent assez rudes.

Après une nuit passée à Laval, on nous dirigea sur Andouillé, petit bourg qui en est éloigné d'à peu près quinze kilomètres. Ceux qui ne purent pas y loger furent dispersés dans les environs pour s'y cantonner ; c'est ainsi qu'on nous envoya à La Baconnière, où nous devions rester jusqu'au 13 février.

Pendant notre séjour auprès d'Andouillé eut lieu le vote pour la nomination des députés à l'Assemblée qui allait se réunir à Bordeaux. Il se fit dans l'église, où un scrutin spécial fut confié aux officiers les plus âgés de chaque grade. Ceux qui voulurent voter ne purent le faire que d'après les données les plus vagues: car nous n'eûmes connaissance que la veille au soir de listes où les noms étaient souvent estropiés de la façon la plus ridicule.

Nous eûmes bientôt après l'inspection du général de Curten, qui interrogea les officiers et en fit le classement. A cette occasion, il nous rappela, en termes touchants, les services que nous avions rendus et ceux que nous étions peut-être encore appelés à rendre à notre malheureuse patrie.

Le 13 février nous quittâmes nos cantonnements pour retourner à Laval, que nous ne fîmes que traverser, nous dirigeant vers le Sud. Nous devions faire ainsi deux cents kilomètres à pied, évitant les villes ou les traversant au pas de course. Une partie de notre route s'accomplit dans un beau pays, où nous aurions voulu souvent nous arrêter. Nous passâmes près de Château-Gontier, au Lion-d'Angers, à Angers, aux Ponts-de-Cé, près de Saumur, à Doué, à Montcontour, à Saint-Joint-de-Marne, et nous arrivâmes à Dissais-sur-Vienne, après neuf jours de marche, ayant fait séjour à Doué, où on se reposa le dimanche.

A Dissais-sur-Vienne, nous étions à dix-huit kilomètres de Châtellerault et à quinze de Poitiers. Ce bourg étant déjà occupé par les Mobiles d'Indre-et-Loire, on nous cantonna dans un village voisin, près de la station de la Tricherie, sur la ligne de Bordeaux.

Pour occuper nos loisirs, nous visitâmes les ruines d'un château fort qui dominaient notre cantonnement et qui font autant d'effet de loin qu'elles sont insignifiantes de près. Nous allâmes aussi à Dissais voir l'ancien château des évêques de Poitiers, qui serait fort beau s'il n'avait été restauré dans le goût du siècle dernier.

Les toits pointus ont disparu et les mâchicoulis ont été ornés de sculptures modernes pendant que de grandes fenêtres étaient ouvertes dans les gros murs.

Arrivés à Dissais le mardi gras, 21 février, nous y restâmes jusqu'à la fin de la semaine. Le dimanche 26 expirait l'armistice, et, dans la nuit qui précéda, nous reçûmes l'ordre de nous tenir prêts à marcher.

On nous fit partir de bonne heure pour Châtellerault, où nous arrivâmes vers midi. Avant d'entrer dans la ville, le colonel Thierry, qui commandait la brigade, harangua les officiers, leur désignant les postes qu'ils auraient à occuper. Nous devions nous porter au confluent de la Creuse et de la Vienne, en avant des Ormes, du côté de Port-de-Pille, où étaient les Prussiens. L'armistice expirait à minuit, et il fallait pouvoir être en ligne au premier signal.

Le soir, la nouvelle de la conclusion de la paix fut affichée dans la ville. Notre rôle militaire était fini et nous n'avions plus qu'à attendre notre prochain retour dans nos foyers.

Notre tâche aussi est finie. Nous avons relu, pour l'accomplir, des pages écrites sous l'impression des événements et déjà presque passées à l'état de ces livres de raison que notre savant compatriote, M. Guibert, sait si bien retrouver.

Les traditions sont pour les familles ce que l'histoire est pour les peuples, et le vieux dicton : « Noblesse oblige » sera toujours vrai pour tous ceux qui ne voudront pas dégénérer.

Puisse notre travail, en rappelant ce qui commence à échapper à la mémoire, intéresser nos anciens camarades et être apprécié par eux avec indulgence.

Nous sommes fiers d'avoir appartenu au 71e Mobile, et nous espérons que, comme l'a dit dernièrement le colonel Pinelli, notre chef-lieu donnera son nom à une de ses principales rues.

Il ne peut y avoir, en cela, ni question de parti, ni équivoque. Le dévouement à la Patrie est aussi incontestable que la récompense qui lui appartient.

M. le comte de Couronnel qui, on l'a vu, a dédié cet ouvrage à M. le colonel Pinelli, a reçu de ce dernier la lettre suivante :

Mon cher Comte,

Vous avez bien voulu me dédier un opuscule dont vous êtes l'auteur et qui est intitulé « *Souvenirs de la Garde Mobile de la Haute-Vienne.* »

J'accepte cette dédicace et vous en remercie.

Votre œuvre, d'un style simple, correct et sobre, mais non dépourvu d'élégance, contient dans un cadre restreint et parfaitement conçu tous les faits relatifs aux événements de guerre auxquels notre régiment s'est trouvé mêlé pendant la campagne de 1870-71. Vous avez eu le mérite d'avoir été véridique ; et ce qui fait surtout honneur à votre patriotisme, c'est que, fidèle historiographe, vous avez su enregistrer dans un ordre chronologique et bien entendu les moindres détails sur nos pérégrinations.

Votre brochure a sa place marquée dans toutes les bibliothèques et dans les archives des communes de notre département, où elle restera comme le « *Livre d'Or* » des familles, dont les enfants ont pris part à la défense nationale, pendant cette époque néfaste, et parmi lesquels quelques noms seront transmis à la reconnaissance et à l'admiration de la postérité.

Recevez à ce sujet, mon cher Comte, mes cordiales félicitations, et veuillez me croire votre tout dévoué.

Signé C^{el} Pinelli.

Nous croyons devoir ajouter l'article bibliographique ci-après, publié par un ancien Mobile dans *la Gazette du Centre ;* il est pour l'auteur de ce livre un précieux témoignage :

« Le *Nouvelliste de Bellac* vient de terminer la publication des souvenirs recueillis par M. le comte de Couronnel sur les campagnes de 1870-71, pour ce qui concerne le 71ᵉ Mobile.

» Tous ceux qui ont servi, ainsi que nous, dans ce régiment liront avec un vif intérêt, dans la brochure qui va paraître, s'ils ne l'ont lu déjà dans le journal, ce récit franc, absolument exact et dépouillé de tous accessoires d'imagination, des faits de guerre auxquels notre régiment fut appelé à prendre une part plus ou moins active à cette terrible époque.

» Lorsqu'en 1872 nous avons publié, nous même, les notes, de ce que nous appelions presque notre simple *carnet d'étapes*, cette publication dut se faire hâtivement. Nous avions donc livré pêle-mêle nos impressions de route, de garnisons momentanées, de haltes même, où nous avions pu entrevoir souvent tout autre chose que l'objectif vers lequel nous étions conduits à travers des péripéties bien diverses.

» M. le comte de Couronnel a fait, lui, le véritable historique militaire du régiment ; et nous ne laisserons pas passer son œuvre sans la saluer, — non pas seulement de toutes nos sympathies, cela ne nous serait pas possible, — mais sans dire hautement combien nous faisons estime de l'ouvrage, au double point de vue de sa valeur propre d'abord et ensuite du sentiment qui l'a inspiré.

» La Garde Mobile de la Haute-Vienne n'a pas été favorisée par les événements. Elle a peiné cruellement dans des étapes accablantes, dans des campements affreux, par une température d'une rigueur exceptionnelle, bien plus qu'elle n'a été appelée à combattre.

» Et lorsqu'elle l'a été, c'était comme à Lumeau le jour de Patay, ainsi que toute l'armée de la Loire, dans des conditions d'infériorité de nombre et d'armement qui expliquent la perte de cette bataille.

» Mais à côté de ce combat, où les faits très honorables pour la Mobile de la Haute-Vienne n'ont pas manqué avant et après cette lutte, savait-on tout ce que ces jeunes gens, ces soldats improvisés en vingt-quatre heures, ont supporté et souffert ?...

» Nous entendons, maintenant, très communément parler des ménagements qu'il faut prendre, de *l'entraînement* qu'il faut donner aux troupes de réserve. On proteste néanmoins parfois et non sans sujet, dans certains cas, contre la longueur des marches, des exercices imposés pendant les périodes des 28 ou des 13 jours aux contingents accessoires aujourd'hui de l'armée principale.

» Eh bien ! nos Mobiles de 1870-71 n'avaient point eu même cette insuffisante préparation. Beaucoup, par leur situation, par leur profession, quoique jeunes, avaient déjà des habitudes sédentaires acquises qui leur rendirent extrêmement pénibles certains efforts.

» Nous avons eu, pour notre part, l'honneur de commander une compagnie de jeunes gens de Limoges : et nous nous souvenons de n'avoir point eu de faiblesse pour eux à l'endroit du service. Il le fallait bien alors. Mais aujourd'hui nous ne sommes pas sans doute trop éloignés des événements pour ne pouvoir rendre encore une fois à ces jeunes gens le témoignage bien mérité que le courage et l'énergie ne leur firent jamais défaut. M. le comte de Couronnel a retenu, comme nous, cette impression. Elle s'est gravée en sa pensée. Il s'est dit, avec raison, que tout ceci n'avait pas été assez mis en lumière. Il avait toujours devant les yeux nos Mobiles de 1870 partant pour la guerre, vêtus de droguet, chaussés à l'aventure, armés du fusil à tabatière ! Il les revoyait presque à la veille de la bataille de Lumeau, munis d'armes nouvelles, de chassepots, dont ils ne connaissaient pas le maniement, et enfin pourvus, cette veille même, d'un sac formé de quatre planches et d'une sorte de toile à voile, enveloppant le tout, qui remplaçait enfin le réceptacle à bretelle qu'on appelle une musette, avec lequel ils étaient venus jusque-là, y emportant toute leur fortune, c'est-à-dire tous leurs petits effets de rechange, leurs vivres et leurs munitions pendant plus de deux mois !

» Tout ceci s'est représenté vivement à son esprit. Il a pensé que ni nous ni les autres n'avions, comme on dit en termes du métier d'écrivain, *serré* le sujet d'assez près. Lui y est entré sûr de ses souvenirs, sûr de son impartialité, sans chauvinisme, mais avec la conviction qu'il restait une page, une longue page, sérieuse, vivante, vraie et honorable, à écrire sur notre régiment des Mobiles de la Haute-Vienne.

» Cette page, il l'a écrite avec autant de modération qu'il était possible, avec autant de légitime satisfaction dans le devoir accompli qu'il convenait. Nous l'en remercions au nom de tous nos frères d'armes.

» Nous ne savons pas, du reste, si cet ouvrage vient à son heure. En considérant certains détails, nous dirions volontiers qu'il a *une actualité*.

» Mais on pense bien que nous ne voulons pas introduire ici une question étrangère à la pensée de l'auteur.

» Ce que M. le comte de Couronnel a voulu faire, c'est un memento calme, précis, vivement intéressant des faits de toute nature auxquels le 71e Mobile a été mêlé. Il l'a fait complètement, sans une omission, toujours avec une sincérité parfaite.

» Pauvre régiment disparu !... c'est un réel bonheur pour nous de le voir, à cette distance, évoquer ainsi !...

» En lisant M. de Couronnel nous pensions à ce que M. le comte de Mun disait l'autre jour, avec une si puissante éloquence, de « *la famille du régiment* ». Ceci a été vrai, même de ce 71e Mobile, passagèrement formé, jeté dans la lutte avant même qu'on eût eu le temps de se connaître, de s'apprécier, de s'inspirer mutuellement confiance.

» C'était comme la domination d'une tradition militaire qu'on veut aujourd'hui détruire qui nous avait tous saisis, comme à notre insu en quelque sorte, et qui nous avait mis au cœur, dans une sensation instantanée, ce sentiment familial des anciennes troupes glorieuses. La famille du 71e Mobile a été dispersée partout et de

— 80 —

tous côtés. Mais le sentiment que nous indiquons n'est pas effacé; et le livre que nous annonçons en est la preuve. Et à côté du livre tout ce qui reste en nous et entre nous, soldats et officiers du 71e Mobile, d'amitié, d'estime et de bons souvenirs, ne disparaîtra qu'avec nous.

» L'ouvrage de notre très honorable camarade, M. le comte de Couronnel, y contribuera, et nous savons qu'ainsi l'auteur aura atteint son but, qui était de nous rallier tous une fois encore sous les plis du drapeau du régiment. — C. BLANCHAUD. »

www.ingramcontent.com/pod-product-compliance
Lightning Source LLC
LaVergne TN
LVHW050556090426
835512LV00008B/1198